CORRENTI INCROCIATE 5

THE SALERNO PROJECT

CORRENTI
INCROCIATE

5

Contemporary English and Italian poetry translated
by students of the Humanities Department
of the University of Salerno

Poesia contemporanea inglese e italiana tradotta dagli
studenti del Dipartimento di Studi Umanistici
dell'Università di Salerno

Dip **Um**
DIPARTIMENTO DI STUDI UMANISTICI

Edited by / a cura di
Linda Barone e John Eliot

MOSAÏQUEPRESS

First published in 2025

MOSAÏQUE PRESS
Registered office:
Bank Gallery, High Street
Kenilworth, Warwickshire
CV8 1LY

Series editor: John Eliot
Additional translation: Linda Barone

Cover illustration: *Morning Frost* (oil on panel)
Copyright © Nia MacKeown 2025

ISBN 978-1-906852-71-9

Translation is not a matter of words only: it is a
matter of making intelligible a whole culture.

————————◆————————

La traduzione non è solo una questione di parole: si
tratta di rendere intelligibile un'intera cultura.

– ANTHONY BURGESS

Contents / Indice

An intrinsically worthwhile project

With this fifth annual edition of *Correnti Incrociate*, we have reached a milestone that few if any of us would have confidently predicted when the Salerno Project began. It has been, and continues to be, a labour of love – perhaps not always for the student translators, for whom literary translation is part of their university studies, but certainly for the poets, editors and publishers.

Translation is challenging however you look at it. Prerequisites are an in-depth knowledge of at least two languages and, in many cases, the subject of the material to be translated. Literary translation adds a further complication to the translator's art – and it is an art – by asking them to understand and interpret subtleties of meaning and emotion that originate in a culture most likely different to their own.

Poetry arguably sits at the apogee of literary styles. It comes in a great many forms, and for that reason defies definition. Its language can be as straightforward or as convoluted as the observations, feelings and truths the poet is trying to convey. It is no mistake that the greatest names in literature were poets.

With so many variables, poetry is also fiendishly difficult to write well. And if it's hard to write, imagine how difficult it is to capture a poem's essence in another language.

By their own admission, our student translators have found the exercise difficult but ultimately rewarding, and that's one of the reasons that keeps the project alive, vibrantly so.

It's easier to understand why the precursor to this series, a book titled *Canzoni Del Venerdi Sera*, got off the ground, and we've told the story before. It was driven by a small group of enthusiastic students of Linda Barone, professor of English linguistics and translation at the Master's Degree in Modern Languages and

Con questa quinta edizione di *Correnti Incrociate*, abbiamo raggiunto un traguardo che pochi, se non nessuno di noi, avrebbero potuto prevedere con certezza all'inizio del Progetto Salerno. È stato, e continua a essere, un lavoro d'amore. Forse non sempre per gli studenti traduttori, per i quali la traduzione letteraria rappresenta una parte del percorso accademico, ma sicuramente per poeti, redattori ed editori.

Tradurre è una sfida, sotto ogni punto di vista. Richiede una conoscenza approfondita di almeno due lingue e, spesso, anche della materia trattata. La traduzione letteraria aggiunge un ulteriore livello di complessità: non è solo un'arte, ma un atto di interpretazione, che impone di cogliere e trasmettere sfumature di significato ed emozioni nate in una cultura, con ogni probabilità, diversa da quella del traduttore.

La poesia, tra i generi letterari, occupa un posto d'eccellenza. Si manifesta in molte forme e, proprio per questo, sfugge a ogni definizione rigida. Il suo linguaggio può essere tanto essenziale quanto articolato, riflettendo la complessità delle emozioni e delle verità che il poeta cerca di esprimere. Non è un caso che molti tra i più grandi autori della letteratura siano stati poeti.

Con così tante variabili in gioco, scrivere buona poesia è un'impresa ardua. E se scriverla è difficile, immaginate quanto possa esserlo catturarne l'essenza in un'altra lingua.

I nostri studenti traduttori, per loro stessa ammissione, hanno trovato questo esercizio impegnativo, ma alla fine gratificante. Ed è proprio questo uno dei motivi per cui il progetto è così vivo e dinamico.

Non sorprende, dunque, il successo del volume che ha dato il via a questa serie, *Canzoni del venerdì sera,* la cui storia abbiamo già raccontato. Tutto è nato dall'entusiasmo di un piccolo gruppo di studenti guidati da Linda Barone, docente

Literatures (Department of Humanistic Studies) of the University of Salerno. They had engaged with the English-Welsh poet John Eliot at a workshop on translation, held under the aegis of the European Union's Erasmus+ cultural exchange programme at the 2018 Salerno Literary Festival, and simply didn't want it to end.

So they continued working with John on a wider selection of his poems and by spring 2019, had enough for their book, which Mosaïque Press produced and launched at the 2019 Salerno festival.

A key part of this exercise was the close communication between poet and translators, the many phone calls and emails, and it is this aspect of our ongoing series that those involved cite as truly inspiring. Our poets, few of whom are household names anywhere in the English-speaking world, relish the chance to explain and expand on their words, and the student translators find these exchanges – these 'cross-currents' – both useful and inspiring.

To date the project has involved 100 poets from throughout the English-speaking world including a small number in translation from their original language, notably Welsh and Hungarian. With this edition, we include five Italian poets as we venture into the unknown with translation out of our translators' mother tongue into English.

More important, our first five editions have involved 120 students studying at both graduate and undergraduate level under Professor Barone. For many of them, it has been a revelation: canvassed for our 2024 edition, that year's group of student translators displayed an enthusiasm seldom encountered in degree coursework. Some said it was an eye-opener to a world of opportunity in literature and beyond, where language is the expedient in cross-cultural understanding and progress.

This is one of the drivers behind our own enthusiasm for the Salerno Project. We see publishing the *Correnti Incrociate* series of books as an intrinsically worthwhile undertaking. In its own modest way, this series supports the objectives of Erasmus+

di linguistica e traduzione inglese presso il Corso di Laurea in Lingue e Letterature Moderne (Dipartimento di Studi Umanistici) dell'Università di Salerno. Durante il Festival Salerno Letteratura del 2018, nell'ambito del programma Erasmus+, gli studenti hanno avuto modo di confrontarsi con il poeta anglo-gallese John Eliot in un workshop di traduzione. L'esperienza è stata così stimolante che non volevano che finisse.

Hanno quindi continuato a lavorare con Eliot a una selezione più ampia delle sue poesie e, nella primavera del 2019, avevano materiale sufficiente per un volume, che Mosaïque Press ha pubblicato e presentato al festival di Salerno dello stesso anno.

Un aspetto cruciale di questo percorso è stato il continuo dialogo tra poeti e traduttori: scambi di e-mail, telefonate, discussioni approfondite. Ed è proprio questo aspetto del nostro progetto che i partecipanti descrivono come particolarmente arricchente. I poeti – pochi dei quali sono nomi noti nel panorama anglofono – apprezzano l'opportunità di spiegare e approfondire il significato dei propri versi, mentre gli studenti traduttori trovano questi confronti, queste correnti incrociate, utili e illuminanti.

Ad oggi, il progetto ha coinvolto cento poeti anglofoni da tutto il mondo, con alcuni testi tradotti anche da altre lingue, in particolare il gallese e l'ungherese. Con questa edizione, facciamo un ulteriore passo avanti includendo cinque poeti italiani, affrontando così una nuova sfida: la traduzione dall'italiano all'inglese, ovvero dalla lingua madre dei nostri studenti a una lingua straniera.

Ma forse, ancora più significativo, è il coinvolgimento, negli anni, di ben 120 studenti sotto la guida di Linda Barone. Per molti di loro, questo progetto è stato una rivelazione. Durante la preparazione dell'edizione del 2024, il gruppo di traduttori ha dimostrato un entusiasmo raro nei percorsi accademici. Alcuni studenti hanno raccontato che l'esperienza ha aperto loro gli occhi su un mondo di opportunità, sia in ambito letterario che oltre, facendo loro comprendere come la lingua sia una chiave fondamentale per la conoscenza e il dialogo interculturale.

14　　to 'inform, transform and inspire' young minds by promoting multilingualism in an enjoyable, entertaining and challenging format.

And not just young minds: we are carrying the work of two distinct sets of people, two languages and two cultures into the public domain where anyone can appreciate it, with or without the level of linguistic competence brought to the project by our student translators.

Our hope is that readers, regardless of their own culture, will find something of interest in these books, and thus complete the virtuous circle of creativity, communication and cultural harmony.

Chuck Grieve FRSA FIIC
St-Barthélemy-de-Bussière 2025

Questo è uno dei motori del nostro entusiasmo per il Progetto Salerno. Riteniamo che la pubblicazione della serie *Correnti Incrociate* sia un'iniziativa di valore intrinseco. Nel suo piccolo, essa contribuisce agli obiettivi del programma Erasmus+, che punta a "informare, trasformare e ispirare" le nuove generazioni, promuovendo il multilinguismo in un formato piacevole, stimolante e coinvolgente.

E non solo le giovani generazioni: portiamo il lavoro di due comunità – due lingue, due culture – ad u vasto pubblico, affinché tutti possano apprezzarlo, indipendentemente dalla loro competenza linguistica.

La nostra speranza è che i lettori, qualunque sia la loro cultura di appartenenza, trovino in questi volumi qualcosa di interessante e significativo, contribuendo così a chiudere il cerchio virtuoso della creatività, della comunicazione e dell'armonia culturale.

Chuck Grieve FRSA FIIC
St-Barthélemy-de-Bussière 2025

English to Italian

Dall'inglese all'italiano

Rossini in Skopje

Ben Keatinge

In the haven of September
Rossini came. The city was
churning with swallows, riotous
and tipsy with their spinning
and crescendo, their swirl
of veering, migrant wings.

Rossini walked, turned
then stood, a single quaver
in that violin-shaped town
then strode as far as Chento
passing from scroll to endpin,
but kept his music hidden

until his later absence
grew to lightness in the salon,
frippery, *Péchés de vieillesse*,
all the foolishness of age,
of taking up bow and bridge
and crossing that city's strings.

Rossini a Skopje

Traduzione di Margherita Acanfora

Nel rifugio di settembre
venne Rossini. La città
ribolliva di rondini, riottose
e spericolate con il loro vorticar
in crescendo, il turbinio di
ali migranti, incerte.

Rossini vagabondò, girovagò
poi si fermò, una singola croma
in quella città a forma di violino
Poi avanzò fino a Chento
passando dalla voluta al bottone,
pur continuando a soffocare la sua musica

finché la sua recente assenza
si trasformò in luce nel salone,
frivolezza, *Péché de Vieillesse*,
tutta la follia dell'età,
di riprendere archetto e ponte
e percorrere le corde di quella città.

The Years of Lead

Ben Keatinge

They found us in south London
learning our lines, reading through
a mocking tragedy of lead.
I played the anarchist taken
in by police for questioning,
falling from a window, dead.

How did I last those years
of misadventure in that other
realm? Was I taught to act?
Beyond it, in the hinterland
of strife, Ireland tore at tit for tat
in the piazzas, people waving

like they knew me, London's child
fallen among players. Clearly
incidents are staged by accident,
plots just happen so that prisoners
fall from windows with the rain,
our own misfortune is to blame.

Gli anni di Piombo

Traduzione di Amaturo Luigia

Ci trovarono al sud di Londra
Studiando le nostre battute, leggendo attraverso
La tragica beffa del piombo.
Io, ero l'anarchico catturato
Dalla polizia per essere interrogato,
precipitando da una finestra, stecchito.

Come ho sopravvissuto a quegli anni
Di disavventura in quell'altro
Mondo? Mi era stato insegnato a recitare?
Al di là di esso, nel cuore della battaglia,
L'Irlanda ha risposto occhio per occhio
Nelle piazze, persone che salutano

Come se mi conoscessero, i figli di Londra
Caduti tra gli attori. È chiaro che
Gli incidenti siano organizzati per accidente,
le trame nascono in modo che i prigionieri
possano cadere dalle finestre con la pioggia,
è la nostra stessa sfortuna da biasimare.

All clear

Christopher M James

No-one talks except the staff,
        trained to overcompensate.
A nurse fills out my details.
        I give her papers, raw data,
minus all the blazing dawns and dusks
        of every moment counts,
then sit among zipped faces
        in the small, resonant silence
they have wrapped in coats. Where are we
        when we are not yet called?

I think of the traffic on the way in,
        the proliferation of speed bumps
we learn to see coming,
        then centre on the narrative text:
the MRI scan will be me again
        with different words. I'll take
the poor pastiche anyhow if it flatters,
        with no blobs or splotches, or
at worst, a smear with a known name,
        a telltale with a stutter.

A man is leaning, elbows on knees,
        searching, abdicating his thoughts.
A thread of an infant unravels hopefully,
        her mother pulls her back
onto a single purpose seat. So,
        living is long, bland, staggered,
stretching like an unworldly peace
        where everyone has their turn.

Finally, mine is up,
        the doctor's back and I can go.
There's the one clinched moment
        when he forces a smile,
hands me my X-ray – that thin acetate
        which thieves open doors with.

Tutto nella norma

Traduzione di Ilaria Amendola

Nessuno parla tranne il personale,
      addestrato a riempire i silenzi.
Un'infermiera prende le mie generalità.
      le do i documenti, nudi dati,
meno le albe e i tramonti infuocati
      di ogni carpe diem,
poi siedo tra i volti ermetici
      nell'angusto silenzio rieccheggiante
che hanno avvolto nei cappotti. Dove siamo
      quando non siamo ancora chiamati?

Penso al traffico mentre entro,
      il proliferare dei dossi stradali
che impariamo ad aspettarci,
      poi ritorno sulla narrazione:
la risonanza sarò pur sempre io
      con parole diverse. Accetterò
comunque il misero pastiche se è allettante,
      senza chiazze o macchie, o
alla peggio, uno sbaffo con un nome noto,
      una spia balbettante.

Un uomo si piega, gomiti sulle ginocchia,
      in cerca, abdicando i suoi pensieri.
Il filo di una bambina si snoda speranzoso,
      sua madre la tira indietro
su un sedile monouso. Così,
      la vita è lunga, blanda, arrancata,
dilatata come una pace eterea
      in cui ognuno ha il proprio turno.

Finalmente, il mio è concluso,
      il dottore è tornato e io posso andare
C'è quel singolo momento cruciale
      quando lui forza un sorriso,
mi porge la lastra – quel sottile acetato
      con cui i ladri aprono le porte.

Just

Christopher M James

Just one night, before the coach to Istanbul,
in the flat of a friend of a guy. Brief decipher

pulling us to, sheets keeping us sealed in,
the young mother with a scar to show,

a birthmark in the hollow of her back
and breasts travelling light. Just a room

at a corridor's end in Goldhawk Road,
half-orange as the times and the bean bag.

In a corner a plush, yellowing polar bear,
slouched like a question mark between girlhood

and a destiny. Next day, just a coach window
to cushion the thoughts, and steps

to pile down with crocked legs at each
watering hole. Head-on lights near Graz

were our thrown-together eyes once more
across a night. In a back pocket, a note

written neatly for a paper trail, proof
we had laid down, would not meet again,

a simple password of XXX's and hearts,
before a million codes waiting to be cracked.

Solamente

Traduzione di Anna Martina Armenante

Una notte soltanto, prima dell'autobus per Istanbul
a casa di un amico di uno sconosciuto. Sfuggenti segnali

ci attraggono, le lenzuola ci avvolgono,
la giovane madre ha una cicatrice da mostrare,

una voglia nell'incavo della schiena
e piccoli seni, viaggia leggera. Soltanto una stanza

in fondo a un corridoio a via Goldhawk,
aranciastra come quell'epoca e la poltrona a sacco.

In un angolo un soffice orsetto polare ingiallito
stravaccato come un punto di domanda tra fanciullezza

e fato. L'indomani, soltanto un finestrino del treno
ad attutire i pensieri, e qualche passo

per brancolare con le gambe a pezzi verso una
bettola qualunque. Come fanali anteriori vicino Graz

i nostri sguardi connessi ancora una volta
nella notte profonda. Nella tasca posteriore, un biglietto

scritto con cura quale traccia documentale, prova
registrata, non ci saremmo mai più incontrati,

una password banale tra tre X e qualche cuore,
prima di un milione di codici in attesa di decifrazione.

The orphan's pantoum

Denise O'Hagan

I looked at her, and she was there until she wasn't.
The stone was cold and dull where she had stood
And the space she'd occupied had lost its charge.
The moment dropped out of time and rolled away.

The stone was dull and cold where she had stood,
I'd shivered as I walked down the long corridor.
The moment dipped out of time and rolled away,
Her feet had hardly seemed to touch the floor.

I'd shivered as I walked back up the corridor
And I wondered if I had dreamed her after all,
Her feet had barely seemed to touch the floor.
Through the windows, snow was starting to fall.

I wondered if I had dreamed her, and yet I knew
That her eyes were grey and her dress was brown.
Through the windows, the snow had intensified
And silence lay coiled at the orphanage doors.

Her eyes were grey and her dress was brown.
She'd untied her gift of my fur-trimmed scarf
As silence lay coiled at the orphanage doors.
You gave me something of yourself, she'd said.

She had liked her gift of my fur-trimmed scarf.
But at home, I felt out of place and out of time.
You left me something of yourself, she'd said,
And holding it tight, she'd let no one come close.

But at home, I felt out of time and out of place.
My family seemed all blurred as if underwater,
I held myself tight, let none of them come close,
And thought why, when I spoke, didn't they hear?

Il pantoum dell'orfano

Traduzione di Margherita Baldini

La guardai, ed era lì, finché non lo fu più.
Il pavimento dov'era stata era freddo e opaco.
E lo spazio che aveva occupato perse la sua carica.
L'istante scivolò fuori dal tempo e rotolò via.

Il pavimento dov'era stata era freddo e opaco.
Rabbrividii mentre percorrevo il lungo corridoio.
L'istante scivolò fuori dal tempo e rotolò via.
I suoi piedi sembrarono a stento toccare il suolo.

Rabbrividii mentre percorrevo il lungo corridoio.
E mi chiesi se l'avessi sognata, dopotutto.
I suoi piedi sembrarono a malapena toccare il suolo.
Dai vetri, la neve iniziava a cadere.

E mi chiesi se l'avessi sognata, eppure sapevo
Che i suoi occhi erano grigi e il suo vestito marrone.
Dai vetri, la neve si era intensificata.
E il silenzio giaceva raccolto alle porte dell'orfanotrofio.

I suoi occhi erano grigi e il suo vestito marrone.
Sciolse il dono della mia sciarpa bordata di pelliccia.
Mentre il silenzio giaceva raccolto alle porte dell'orfanotrofio.
Mi hai dato qualcosa di te, disse.

Le era piaciuto il dono della mia sciarpa bordata di pelliccia.
Ma a casa, mi sentii fuori luogo e fuori dal tempo..
Mi hai lasciato qualcosa di te, disse.
E stringendola forte, non lasciò avvicinare nessuno.

Ma a casa, mi sentii fuori luogo e fuori dal tempo.
La mia famiglia appariva sfocata, come sott'acqua.
Mi strinsi forte, non lasciai che nessuno di loro si avvicinasse.
E pensai perché, quando parlavo, loro non sentivano?

28   My family seemed all blurry as if underwater.
     Then rising, I stared at the mirror behind them
     And knew why, when I spoke, they didn't hear:
     My eyes were grey and my dress was brown.

La mia famiglia appariva sfocata, come sott'acqua.
Poi, alzandomi, fissai lo specchio dietro di loro.
E seppi perché, quando parlavo, loro non sentivano:
I miei occhi erano grigi e il mio vestito marrone.

The winds of our own desire

Denise O'Hagan

The shade of Francesca da Rimini encounters Dante descending into the second circle of Hell (L'Inferno, Canto V)

This terza rima sonnet was written in honour of Dante's 700th anniversary. Its subject is Francesca da Rimini whose husband, on uncovering her affair with his brother Paolo, had stabbed them to death, and she finds herself condemned to spending eternity in the very state she had craved during her lifetime.

Who is this, then, who dares to show his face,
What traffic has he with our fog and gloom,
The ceaseless moans of us deprived of grace?

Let him feel our agony, taste our doom
We, whose chief sin was to succumb to love,
Are now condemned to this eternal tomb.

He pleads for my story, and like a dove
Borne on the soft wings of a summer breeze,
I drift down to him from the shades above.

Has he, perhaps, suffered the same disease,
The allure of love, its consuming flame?
Has his pride been singed in a wish to please?

Sharing our tragedy sharpens my shame:
For my husband's brother my passions flared,
Oblivious to risk and blind to blame.

It began with a love of legends shared
Which kindled in us yearnings most tender
Though we knew, if revealed, we'd not be spared.

Oh, for those times of intimate splendour
Vanquished by a murderer's vengeful knife,
Whose rage forbade all hope of surrender.

I venti del desiderio

Traduzione di Sara Caputo

L'ombra di Francesca da Rimini incontra Dante mentre scende nel secondo girone dell'Inferno (L'Inferno, Canto V)

Questa terza rima è stata scritta in onore del settecentesimo anniversario di Dante. Il soggetto è Francesca da Rimini, il cui marito, dopo aver scoperto la sua relazione illecita con il fratello Paolo, li pugnalò, e adesso è condannata a passare l'eternità come aveva desiderato in vita.

Chi è costui, che il volto osa mostrare?
Che qui, tra noi, all'improvviso piomba,
I nostri lamenti potrà tollerare?

Che anche lui all'agonia soccomba,
Come noi, peccatori per amore
Condannati ora a questa eterna tomba.

A me chiede la storia del mio cuore
E come una colomba, leggera
Mi avvicino, senza alcun rumore.

È stato travolto da questa bufera?
Conosce amore, la sua fiamma ardente?
Fu mai lodato in dolce maniera?

La mia vergogna è assai pungente:
Il mio cuore batté per mio cognato,
Di rischio e colpa fui io incosciente.

Con un libro tutto è cominciato,
Tra di noi c'era dolce vicinanza,
Mai nessuno ci avrebbe salvato.

Vedo il nostro amore in lontananza,
Da una lama di vendetta ucciso,
La cui rabbia distrusse la speranza.

32   Our poet may faint at this tale of strife!
      We were granted what we sought to acquire,
      Now we're joined forever, yet have no life.

          What exquisite irony that we'll not tire
          Of being lashed by the winds of our own desire.

Come un fiore, dal destin reciso,
Il nostro amore deve qui, ahimè, restare
Senza vita, per sempre condiviso.

Eche ironia, noi ci dobbiam lasciare
Dai venti del desiderio trasportare.

Honey
Diana Manole

To Heraclitus and his river

The honey I've been seeking since my last breakfast
at home
>   a little bit of light trapped in a little bit
>   of ambrosia
>   with just a sprinkle of gold
>   for a better aroma
heavily and quietly pours into my veins
alluring
like a reincarnation that hasn't been
consummated

with the hunger to touch and be touched
of an apostate
after seven years of solitude

with the grace of a puppeteer sculpting
his puppets in foam
and moving their joints with the movements
of life

with the vigour of an earthquake
longing for the long-lost connection between
Earth's core and its surface

A stream of honey
in which I can never see myself a second time.

Miele

Traduzione di Antonio Battaglia

Ad Eraclito e al suo fiume

Il miele che bramo dalla mia ultima colazione
a casa

        un po' di luce catturata in un po'
        di ambrosia
        con solo un pizzico d'oro
        per un aroma migliore

si riversa intenso e sommesso nelle mie vene
invitante
come una reincarnazione che ancora non si è
consumata

con la fame di toccare ed essere toccato
di un apostata
dopo sette anni di solitudine

con la grazia di un burattinaio che scolpisce
i suoi burattini nella schiuma
e che muove le loro giunzioni con i movimenti
della vita

con il vigore di un terremoto
bramoso di un legame remoto tra
il cuore della terra e la sua crosta

Un fiume di miele
nel quale io non mi possa specchiare una seconda volta.

Osgoode* Subway Station, Toronto, Canada

Diane Manole

On my way to work I pass by men tucked in on the subway
ventilation system in sleeping bags with traces of sweat and teenage
sperm, casually thrown away by first-timers too young to use
dry-cleaning, do their own laundry, or stock up on memories for
Alzheimer-rotten days. Rusty bars indifferently divide the world
below – those who have somewhere to go and the tokens to do so,
from the world above – Don Quixotes in smelly overalls who hope
everyone strives to forgive and forego.

    ("On which inside is prison and on which outside is freedom?")

Breaths of warm air lasso along the beggars' salt-filled wrinkles, as
if seeking to wipe away the proofs of the City Hall's forgetfulness
to fight snow, to condone the city bylaws, though we crave it more
and more since the global warming and the environmentally-
conscious but consistent pollution. The carbon dioxide produced
by the subway passengers' breaths mixes with the delicate particles
of dead skin of the woman with green-cosmetic contact lenses and
calloused cheeks when she trips on her high heels rushing towards
her date waiting for her near the subway stop entrance, a Luxor
Obelisk in translation, she recently met him on kijiji – middle-
aged, handsome, tall, well-spoken and with a perfect drawl. He's
already pricked the rose-scented condoms, part of his last-resort
campaign to have a child, "God, gimme one!" just about with
anyone.

    ("Who's guiltier? The doer or the loser?")

"Please knock! Doorbell doesn't work" whippy letters weep on a
weathered cardboard sign, as I drop my change in the paper coffee cup
of the Christ's doppelgänger. He rolls around in his sleep, smiling.

    (Any question becomes simply redundant.)

** William Osgoode (1754-1824) was the first chief justice of Upper
Canada and later took up a similar post in Lower Canada. He
drafted much of the pioneering legislation.*

Stazione della Metro di Osgoode*, Toronto, Canada

Traduzione di Mariarosaria Costa

Sul tragitto verso il lavoro passo davanti a uomini in sacchi a pelo macchiati da sudore e sperma giovanile, gettati via con noncuranza da novellini troppo piccoli per andare in tintoria, farsi il bucato da soli o fare il pieno di ricordi in vista di giorni marciti dall'Alzheimer. Tornelli arrugginiti dividono con noncuranza il mondo sotterraneo – coloro che hanno un posto dove andare e i gettoni da impegnare per raggiungerlo, da quello al di sopra – Don Chisciotte in salopette maleodoranti con la speranza che tutti si sforzino di perdonare e andare avanti.

("In quale interno sta la prigione e in quale esterno la libertà?")

Sbuffi di aria calda si attorcigliano attorno alle rughe colme di sale dei mendicanti, come cercando di lavare via le prove della negligenza del Comune nel combattere la neve – condonando le leggi cittadine – eppure la bramiamo sempre più a partire dal riscaldamento globale e dal persistente, seppur ambientalista, inquinamento. Il diossido di carbonio rilasciato dal respiro dei passeggeri della metro si mescola con i sottili frammenti di pelle morta della donna con le lenti a contatto verdi e le guance callose quando inciampa nei suoi tacchi alti affrettandosi verso il suo amante che l'attende vicino all'entrata della metro, un obelisco di Luxor tradotto, lo ha conosciuto di recente su kijiji– di mezza età, prestante, alto, eloquente e con una perfetta pronuncia strascicata. Ha già forato i preservativi alla rosa, ultima spiaggia nel suo piano per avere un bambino, "Dio, dammene uno!" con chiunque sia.

("Chi è più colpevole? Colui che fa o colui che perde?")

"Si prega di bussare! Il campanello non funziona" lettere sinuose si infiltrano nell'insegna usurata, mentre lascio cadere delle monete nel bicchiere di carta del sosia di Cristo. Si rigira nel sonno, sorridendo.

(Ogni domanda diventa solo ridondante.)

* *William Osgoode (1754-1824) fu il presidente della Corte suprema del Canada Superiore e, due anni dopo, assunse un incarico simile nel Canada Inferiore. Ha redatto gran parte della legislazione pionieristica.*

Some Sundays

Erica Jane Morris

Dark tan, chestnut, oxblood. I nudge
a latch on the side of a tin. There's rust
on the rim, but the stubborn lid lifts –

pitted earth like clay, cracked crater,
the smell of oil. We are crouching
by the calor gas heater,

bite of hessian on my knees.
My father sweeps back his dark hair
and shows me a rhythm:

Brush off the dirt and grass – heels
and toes. I pull out laces,
he passes a tear of green sheet,

wraps cloth around my forefinger
and middle finger. A nub of polish –
No, no – not much, he says.

I smudge over scuffs, grazing,
stamping. Here, here –
and I give him my brown shoe.

He turns and buffs: Like this,
like that, he says, hands down
a black-bristled brush.

I'm brushing, turning. Look, I say.
He is not there, away in clouds,
hills, mountains, Peru, Kashmir,

Madagascar. I pick and pull threads
on the back edge of my shoe,
try to rub the stain off my finger.

Alcune Domeniche

Traduzione di Maria Rosaria Capone

Marrone scuro, castagno, bordeaux. Alzo
la linguetta di una lattina. Sul bordo c'è
ruggine, ma il coperchio ostinato si solleva –

come creta il terreno punteggiato, cratere crepato,
del petrolio l'odore. Rannicchiati
davanti al calore,

sulle mie ginocchia uno stralcio di iuta.
Mio padre sposta all'indietro i capelli scuri
e mi mostra un ritmo:

Scrolla lo sporco e l'erba – tacco
e punta. Estraggo i lacci,
lui passa uno stralcio verde,

avvolge la stoffa intorno al mio indice
e al medio. Una punta di lucido –
No, no – non molto, dice.

Strofino i graffi, sfiorando,
premendo. Qui, qui –
e gli do la mia scarpa marrone.

Si gira e lucida: In questo modo,
così, dice, mi consegna
una spazzola a setole nere.

Strofinando, voltandomi. Guarda, dico.
Non è lì, vaga tra nuvole,
colline, montagne, Perù, Kashmir,

Madagascar. Afferro e tiro fili
sul retro della scarpa,
dal dito cerco di sfregare la macchia.

Tide Mills

Erica Jane Morris

I return. The ruins and sluice remain
by the path to the sea. The mill pond
– shallow, tinged with green. The sea
far out, revealing patches of sand,
twisted wrack, that single row of spikes.
You knew about the different clouds.

At the end of summer, with waves high
and crashing, we swam, laughing in the swell,
scrabbled on the shingle: your friends,
my sister. You wrapped me in your towel.

We pitched our tents on uneven ground
between the broken walls and couch grass.
I saw my sister kneeling to hold the stake
you hammered with your shoe, her cheek
close to your chin. I heard the choking call
of a gull. I smelt of salt, and you.

Mulini a marea

Traduzione di Francesca Capriglione

Ritorno. Le rovine e la chiusa restano
lungo il sentiero verso il mare. Lo stagno del mulino
– poco profondo, velato di verde. Il mare
lontano, che rivela chiazze di sabbia,
alghe contorte, quell'unica fila di spuntoni.
Tu sapevi distinguere ogni tipo di nuvola.

Alla fine dell'estate, con le onde alte
che si infrangevano, nuotavamo, ridendo nella risacca,
scalzi sui ciottoli: i tuoi amici,
mia sorella. Mi avvolgesti nel tuo asciugamano.

Piantammo le tende su un terreno irregolare
tra i muri in rovina e la gramigna,
vidi mia sorella inginocchiarsi per reggere il palo
che piantasti con la scarpa, la sua guancia
vicino al tuo mento. Udii il richiamo soffocato
di un gabbiano. Sapevo di sale, e di te.

Scattering the Fieldfares

Glen Wilson

They search for food, beaks strong,
curved up to a sharp barb near the tip,

I count them, fifteen, record it
in my notebook, ready the camera.

A little girl bursts from the middle distance,
loud, laughing, the birds spooked, fly away

to line far off branches, to populate
hedgerows, she has rearranged the scene.

She tears through the fenland's open expanse,
a body of urgency, conquering without invading.

Her mother comes into view, a few steps behind
but the girl is stretching her lead easily.

It forces the parent to quicken her pace,
adjust yet again the space between them.

Catching up this time she throws the girl
up into an air of giggles, nature watches.

Soon when they are both dots on the horizon,
I resume my position in the hide, to wait.

The fieldfares return, they land, probe
the disturbed earth for fresh food, worms

drawn by the noise. The birds pluck out
the wriggling pinks to impale them on larders

of thorns or branches or barbwire we've left,
twisted now for their purpose,

for joy is a distraction, when your winter is fed
by a murderous spring.

Il disperdersi delle cesene

Traduzione di Angela D'Orta

Cercano cibo, becchi robusti
incurvati in punta come un uncino affilato,

Li conto, quindici, li appunto
nel mio quaderno, preparo la macchina fotografica.

Una bambina irrompe da una certa distanza,
ridendo, chiassosa, gli uccelli spaventati, volano via

per decorare rami lontani, popolando
le siepi, lei ha ridisegnato la scena.

Si precipita per la vasta distesa della brughiera,
con energia irrefrenabile, conquistando senza invadere.

La madre appare nel panorama, qualche passo indietro
ma la bambina allunga le distanze facilmente.

Costringe la madre ad accelerare il passo,
per evitare che ci sia distanza tra loro.

Lei, questa volta raggiungendola, la solleva
nell'aria delle sue risate, la natura osserva.

Presto, quando diventano due puntini all'orizzonte,
ritorno nel mio nascondiglio, ad aspettare.

Le cesene ritornano, atterrano, esplorano
la terra scossa, in cerca di cibo, vermi

attratti dal rumore. Gli uccelli tirano fuori
i vermi che si dimenano per conservarli nei nidi

di spine, rami o filo spinato che noi abbiamo lasciato
ora utili per il loro scopo,

perché la gioia è una distrazione, quando il tuo inverno è alimentato
da una primavera omicida.

Setting Bones

Glen Wilson

*Two sculptors, Anne Acheson (1882-1962) and Elinor Hallé
(1856-1926), invented plaster casts for broken limbs while treating
wounded soldiers during the First World War.*

I watch walking sculptures
peeled back in part   and some in whole

to their first drafts   elementary
sketches of anatomy.

Whispered words fill the air
from the   half-jawed wounded.

I carry the one-sided weight
of conversation

and fill in the blanks
and change   the gauze dressing

on sutures and sentences
treating the boy   and the man.

I see formative art in the tangle
of red   gossamer threads

how clothed in white
and angled divine

a withered hand
extended out in hope

will grow to the healing
given time

Sanare le ossa

Traduzione di Caterina Borriello e Mariarosaria Costa

*Furono le scultrici Anne Acheson (1882-1962) e Elinor Hallé (1856
–1926) ad inventare i calchi in gesso per curare le ossa rotte dei soldati
feriti in battaglia durante la Prima guerra mondiale.*

Guardo sculture in movimento
esposte in parte   e alcune per intero

fino ai loro primi abbozzi   rudimentali
schizzi di anatomia.

Mormorii riempiono l'aria
dal   ferito mutilato.

Porto il peso della conversazione
a senso unico

e riempio i vuoti
e cambio   la garza

a suture e frasi
curando il fanciullo   e l'uomo.

Vedo arte che nasce dal groviglio
di rossi   fili di garza

come fasciata di bianco
e diretta al divino

una smunta mano
in cerca di speranza

giungerà sino alla guarigione
avendo tempo

46   and the scaffold embrace
of plaster of Paris.

They will leave
like all muses do

their step quicker
their limp less

each like Prometheus
on a promise.

e lo stretto abbraccio
del gesso.

Se ne andranno
come tutte le muse

avanzando più spediti
vacillando meno

ognuno di loro Prometeo
come promesso.

Nature gets to hold you, and I don't

Margaret Archer

I want to wrap my arms around your waist
The way the ocean does, with its seafoam laced waves
That wash over your body, not feeling the soft skin
That I so desperately crave
But I am not the sea, and I couldn't be
Not even if I was brave

I wish to kiss your face the same way the Sun gets to do every day
I'd kiss every scar, every birthmark, every mole, just to find a way
To convince you that your hair isn't turning grey
But I am not the Sun, so I'm burning up with love
Unable to find the cooling shade

I want to be the sand on the Portuguese shores
For you, my love, have set foot on it, like the whole world is yours
You lay down, it surrounds you
 Almost feels like it's getting under your skin
Almost like I did back then, but I am not the sand on the sandy
beach
So your heart, I cannot win

How I envy the shores and all of what it has to offer
If I was just a grain of sand in your sandals
Or a drop of water on your hair
I always despised myself, but now I despise being a human the most
Because nature gets to hold you, and I don't.

La natura ti può abbracciare e io no

Traduzione di Chiara De Caro

Voglio stringerti tra le mie braccia
Come fa l'oceano, con la spuma delle onde
Che scorre su di te, ma senza sentire la morbida pelle
Che bramo ardentemente
Ma io non sono il mare, né potrei esserlo
Nemmeno se ne avessi il coraggio

Vorrei baciarti il viso come fa il sole ogni dì
Bacerei ogni cicatrice, ogni voglia, ogni neo, per far sì
Che tu creda che i tuoi capelli non stanno ingrigendo
Ma io non sono il Sole, e brucio d'amore
Incapace di trovare l'ombra rinfrescante

Vorrei essere la sabbia delle coste portoghesi
Perché tu, amore mio, ci hai messo piede, come se tutto il mondo
fosse tuo
Ti stendi, ti circonda
Quasi sembra che ti entri sotto la pelle
Quasi come facevo io allora, ma non sono la sabbia sulla sabbiosa
spiaggia
Quindi il tuo cuore, non posso conquistarlo

Quanto invidio le rive e tutto ciò che hanno da offrire
Se fossi solo un granello di sabbia nei tuoi sandali
O una goccia d'acqua sui tuoi capelli
Ho sempre odiato me stessa, ma ora odio il mio essere umana
ancora di più
Perché la natura ti può abbracciare e io no.

I wish I were a boy

Margaret Archer

I wish I were a boy, so maybe I could feel her skin
Without my face burning up in guilt
As I am not supposed to be touching her
And she is not supposed to let me
I wish I were a boy, so that the way I look at her
Would be considered normal, and not sinful
Because I am not supposed to look at her like that
And she is not supposed to let me

I wish I were a boy, so loving her
Would not burn me, and grow blisters on my heart
But instead I do burn, the way Icarus did
When he flew too close to the Sun
I wish I were a boy, so I could hold her hand
But I cannot, and I can only dream of holding her heart in my hands

I wish I were a boy, so I would not have to write this,
With tears streaming down my face, and cutting into my skin
Because I am not supposed to tell her how I feel
And she is not supposed to listen to me
Sometimes I think she does listen, she does know
She would just not tell
And I like to think that somewhere deep in her heart
She wishes I was a boy as well

Vorrei essere un ragazzo

Traduzione di Rita De Lucia

Vorrei essere un ragazzo, così forse riuscirei a sentire la sua pelle
Senza che il mio viso si infiammi di colpa
Perché non ho il permesso di toccarla
E lei non dovrebbe permetterlo
Vorrei essere un ragazzo, così che il modo in cui la guardo
Sarebbe considerato normale, e non peccaminoso
Perché non ho il permesso di guardarla in quel modo
E lei non dovrebbe permetterlo

Vorrei essere un ragazzo, così amarla
Non mi brucerebbe, e non mi farebbe crescere le vesciche sul cuore
Ma invece brucio eccome, come Icaro
Quando volò troppo vicino al Sole
Vorrei essere un ragazzo, così potrei prenderle la mano
Ma non posso, e posso solo sognare di tenere il suo cuore tra le mani

Vorrei essere un ragazzo, così non dovrei scrivere,
Con le lacrime che mi rigano il viso, e mi solcano la pelle
Perché non mi è permesso dirle quello che provo
E a lei non è permesso ascoltarmi
A volte penso che ascolti eccome, che lei sappia
Solo che non me lo direbbe
E mi piace pensare che da qualche parte in fondo al cuore
Anche lei vorrebbe che io fossi un ragazzo

Teach Jackdaws Avionics

Taz Rahman

The sun does not fuss, days survive, clematis curates purple
in alleyways for blackbirds to core arcs in hunger, sing

to flowers, discourse evenings stretched on grass. Fingers
frack surfaces, erupt touch, catch aphids, time, molten

cores, questions – questions like why is the asphodel so
hardy in its narrow grass-like leaves, the stem elongating

the handsomest spike in white so unheard lives may
meadow in its six flirting petals. The sun hides in roof-lines

past noon, enters fan vaults warming chimneys to seduce
the fattest pigeon lit like silty grains carrying miles. May

bees shake their own cowbells, vine inquisition into mahonia
blooming too early in inclines no right to smile, a kingdom of

floating purr climbs a wall, wags tail like another species, in
the field nearby goats cough, neigh soft, thud hooves, pretend

to be stallions feeding a chorus of want wanting to stir, morning
chairs touch napes of human arms inside a high street café, pine

flesh, the leftover rose, its wilting stem aching to sit upright, trace
the night gone, one last glance at something to trail lost snails.

Traduzione di Sara Rossella De Sia

Il sole non si affanna, i giorni persistono, mentre la clematide accarezza il viola
nei vicoli dove i merli affamati scolpiscono archi, cantano

ai fiori, discorsi serali distesi sull'erba. Dita
frantumano superfici, esplodono carezze, catturano afidi, tempo, nuclei

fusi, domande - domande come perché l'asfodelo è così
resistente nelle sue foglie sottili come l'erba, lo stelo sboccia

nel più affascinante fiore bianco affinché vite inascoltate possano
pascolare nei suoi sei petali ondeggianti. Il sole si ritira tra i tetti

dopo mezzogiorno, entra nelle volte a ventaglio scaldando i camini per stregare
il più grasso piccione splendente come sabbia fine che macina miglia.
Possano

le api far tintinnare le loro campanelle, la vite esplorare la mahonia
che sboccia troppo in fretta in pendii che non sanno di gioia, un regno di

leggiadre fusa scala un muro, scodinzola come un'altra specie, nei
campi vicini le capre tossiscono, nitrano piano, battono gli zoccoli, fingono

di essere stalloni nutrendo un coro di desideri agitati, le sedie
al mattino si poggiano sulla nuca di braccia umane in un bar del centro,
le membra

di pino, l'avanzo di rosa, lo stelo appassito si sforza di stare dritto, tracciando
la notte passata, un ultimo sguardo a qualcosa per seguire lumache
smarrite.

Stars siphon narcissus so

Taz Rahman

she can stay in this poem for the day I learn
to contract the tongue, extend to its furthest,
go sideways, strut movements to fit syllables,
ask my sister how she watches our mother
comatose for 30 sols. Seasons come and go,

Venus nears the Pleiades, Mercury in its
sluggish ellipsis – lunar libration favours
eastern limbs like mine – past Saturn, past
Jupiter, past the lyrid meteor of a lurid
Bhagavat consecrating Golgotha, February

marks borders in squares, a fringe of warm,
groundsel swells the crouching grass, scolds
bittercress, willow weeps a severed anterior,
in March she went square, April still far.
Magpies line a lone gaze – it counts 'two

for joy' if I spot two in successive blinks?
Any answer would do. Her last chide
– my last search – cornershop MSG. The
wheelchair spins before the boarding call,
airports are the loneliest goodbyes, five

more minutes please, my slashed tongue
for a morsel of gajor. When I say 30th I
mean morning tea stringing a scryer, a gap
under the fire-door to lure draft, Munkar
Nakirchitter, inferno-purgatario-paradiso,
eyes black-black-black-black-black coda.

*(MSG: monosodium glutamate is a common flavour enhancer in
Asian cuisine. Gajor: carrot in Bengali, the main ingredient for a
popular homemade sweet.)*

Così le stelle si appropriano del narciso

Traduzione di Serena Iovene

lei può restare in questa poesia finché non imparerò
a contrarre la lingua, estenderla al massimo,
andare di lato, avanzare i movimenti per adattarla alle sillabe,
chiedere a mia sorella come fa a guardare nostra madre
in stato comatoso per 30 soli. Le stagioni vanno e vengono,

Venere si avvicina alle Pleiadi, Mercurio nella sua
fiacca ellisse – la librazione lunare favorisce
le membra orientali come le mie – oltre Saturno, oltre
Giove, oltre la meteora liride di un vivido
Bhagavat che consacra il Golgota, Febbraio

segna i confini in quadrati, una striscia di tepore,
il senecione gonfia l'erba accovacciata, rimprovera
la cardamine, il salice piange un arto reciso,
Marzo la rese rigida, Aprile ancora lontano.
Le gazze incorniciano uno sguardo solitario – vale 'due

per la gioia' se ne scorgo due in battiti di ciglia consecutivi?
Qualsiasi risposta sarebbe sufficiente. Il suo ultimo rimprovero
– la mia ultima ricerca – è l'MSG del negozio all'angolo. La
sedia a rotelle gira prima della chiamata d'imbarco,
gli aeroporti rappresentano gli addii più solitari, altri cinque

minuti, per favore, la mia lingua tagliata
per un boccone di gajor. Quando dico il 30°
intendo il tè mattutino accompagnando un chiaroveggente, una fessura
sotto la porta tagliafuoco per attirare gli spifferi, Munkar
e Nakir mormorano, inferno-purgatorio-paradiso,
occhi neri-neri-neri-neri-neri, fine.

*(MSG: il glutammato monosodico è un comune esaltatore di sapidità
nella cucina asiatica. Gajor: carota in bengalese, l'ingrediente principale
di un popolare dolce fatto in casa.)*

Tell it to the trees

Natalie Ann Holborrow

when summer strides off with its head
hanging bright as a lemon, the closing heaven
giving way to a bloat of lavender clouds
the oak with its crown of copper bending low –
its branches would clutch for the mud of your heart
if it could, moss peppering the wood,
its mind ruffling with crows.

Tell it to the trees
to the branches cupped in your open palm
blooming to sudden angles, pale as candles
melting down, a swell of leaves unlatching
in the last of the yellow afternoon
when the sun is a shrinking balloon
untethered from your grasp, when the clouds
unclasp and the dark earth steams with drizzle.

Tell it to the trees
that familiar breeze whipping the hazel bare
raking each strand of your hair skyward
there's a certain moment of quiet
that can only emerge from the wild.
Those red leaves go on raining
to soothe what's reeling inside.

Raccontalo agli alberi

Traduzione di Claudia Faiella

quando l'estate se ne va con la testa
sospesa, luminosa come un limone e il cielo si chiude
dando spazio a gonfie nuvole di lavanda,
la quercia con la sua corona di rame si abbassa -
i suoi rami afferrerebbero il fango del tuo cuore
se potessero, il muschio che punteggia il bosco,
la sua mente scossa dai corvi.

Raccontalo agli alberi
ai rami raccolti nel tuo palmo aperto
che fioriscono in angoli improvvisi, pallidi come candele
che si sciolgono, un'ondata di foglie che si stacca
nell'ultimo giallo del pomeriggio
quando il sole è un pallone che si sgonfia
sfuggendo alla tua presa, quando le nuvole
si aprono e la terra buia sfrigola di pioggia.

Raccontalo agli alberi,
a quella brezza familiare che frusta il nocciolo nudo,
sollevando ogni ciocca di capelli verso il cielo.
C'è un silenzio, un istante
che può nascere solo dalla natura selvaggia.
E quelle foglie rosse continuano a piovere,
per lenire ciò che ribolle dentro.

Pumpkin

Natalie Ann Holborrow

I lift it like a plump child:
this year's pumpkin. Autumn's moon
resplendent, shining with pulp.

With a cough of seeds, a smile
carved out with nonchalant ease,
I have stolen somebody's head.

Stooped at the doorstep, I strike night
into fire, smoke, gourd-rind,
cup the thrashing wick with my fingers.

This huge warm crown my trophy:
here is the skull of a make-believe man;
head tumbled clean from his shoulders.

Anchored on the doorstep:
a beaming dream, my intruder
with a smile lit hot as a planet.

Zucca

Traduzione di Giuseppe Fasolino

La sollevo come un bimbo paffuto:
la zucca di quest'anno. La luna autunnale
splendente, raggiante di polpa.

Con uno sbuffo di semi, un sorriso
intagliato con disinvolta leggerezza,
ho rubato la testa di qualcuno.

Chinata sull'uscio, accendo la notte
in fuoco, fumo, scorza di zucca,
stringo tra le dita lo stoppino fluttuante.

Questa grande corona calda il mio trofeo:
eccolo il teschio di un uomo immaginario;
la testa rotolata via dalle spalle.

Ancorato sulla soglia:
un sogno raggiante, il mio intruso
con un sorriso ardente come un pianeta.

Milking Time

Rebecca Lowe

Bucket in hand,
I watch my mother leave...

The door swings behind her,
The cosy carpet warmth
Slams shut, to a world of stars
And moonlight, scattered frost,
Compacted earth
Layer upon layer of leaves.

The goats' bodies press close to her,
The steady beat of their hearts
Against her side,
Warm, hungry, familiar,
The clouded breath
Hangs in the hay-strewn air
And melts the ice
Over the water buckets.

Between her pale fingers
The milk comes quickly,
A long white stream,
Like silk, sharp and clean
Frothing forth into the buckets;
She gathers it up, steaming
Beneath the shivering sky.

Her task completed,
She pads, bootless, indoors,
In socks and mittens,
The first red glow
Returning to her cheeks,
And switches on
The light of the kitchen

Ora della mungitura

Traduzione di Marianna Fierro

Secchio alla mano,
Osservo mia madre andare via…

La porta oscilla alle sue spalle,
Il tepore del tappeto accogliente
Chiusa di colpo, verso un mondo di stelle
E luce lunare, brina sparsa,
Terra battuta
Strati su strati di foglie.

I corpi delle capre si stringono a lei,
Il battito costante dei loro cuori
Contro il suo fianco,
Caldi, affamati, familiari,
Il respiro velato
Fluttua nell'aria intrisa di fieno
E scioglie il ghiaccio
Sopra i secchi d'acqua.

Tra le dita pallide
Il latte scorre rapidamente,
Un lungo flusso bianco,
Come seta, nitido e puro
Che spumeggia nei secchi;
Lo raccoglie fumante
Sotto il cielo tremante.

Completato il lavoro,
Rientra senza scarpe, passo felpato,
Con calzini e muffole,
Il primo rossore
Riappare sulle guance,
E accende
La luce della cucina

Bathing the garden
         In dappled streaks of gold

         The shadows, shut out for another evening,
         Dissolve slowly away into nothing.
         Beyond, the darkened stable
         Stands silhouetted like a sentinel,
         And the moon and the stars,
         Suspended like hay dust
         Empty themselves into the night.

Che bagna il giardino
Con screziature dorate

Le ombre, chiuse fuori per un'altra sera,
Si dissolvono lentamente nel nulla.
Oltre, la stalla oscurata
Si staglia come una sentinella,
E la luna e le stelle,
Sospese come polvere di fieno
Svaniscono nella notte.

Birds

Rebecca Lowe

My religion is birds –
The flock, the dazzle
and flurry of feathered
ascension into thin air,
carving through branches,
The strobe of sunlight over water,
Glide of downy undercurrents,
The dip and dive of dusk
and scurried shadow

My prayer would be measured
in murmurations, the striated
cloud rippling a cathedral dawn.

I think that I should have no need
of priests, saints, nor martyrs,
My liturgy would be the soft,
incessant, 'Where are you?'
of the turtle doves, pitying
between ecstatic heavens
and sober earth,

My Communion,
The place
where wings
meet sky.

Uccelli

Traduzione di Sara Gioia

La mia religione sono gli uccelli –
Lo stormo, il bagliore
e il brusio della piumata
ascensione nel nulla,
che si ritagliano tra i rami,
La luce intermittente del sole sull'acqua,
Lo scivolare delle correnti sotterranee,
Il tuffo e il tonfo del tramonto
e dell'ombra che si affretta

La mia preghiera si misurerebbe
in mormorazioni, la nuvola striata
che increspa un'alba di cattedrale.

Penso che non avrei bisogno
di preti, santi, né di martiri.
La mia liturgia sarebbe il morbido,
incessante, "Dove sei?"
delle tortore, compassionevoli tra
i cieli estatici,
e la terra sobria,

La mia Comunione,
Il luogo
dove le ali
incontrano il cielo.

Communicating

Christine McIntosh

Today I would have phoned –
wished to share the small
details of my life, the
safe return, the laughing
at the rain which fell
as if the Flood would come.
But had I rung the number
as familiar as my name
you would not be there.
A stranger's voice would say
your words, and the strangeness
would be too much to bear.
And contemplating this
a glacial shifting in my soul
gave promise that in weeks not lived
the frozen tears would find the way
and spill into a distant sea like
drops into the ocean of my love.

Comunicare

Traduzione di Linda Barone

Oggi ti avrei chiamato –
desideravo condividere i piccoli
dettagli della mia vita, a
casa sana e salva, le risate
per la pioggia che cadeva
come se stesse arrivando il Diluvio.
Ma se avessi composto il numero
familiare quanto il mio nome,
tu non saresti stato lì.
Una voce estranea avrebbe detto
le tue parole, e quella stranezza
sarebbe stata troppo da sopportare.
E riflettendo su questo,
il ghiaccio ha attraversato la mia anima,
lasciando la promessa che, in giorni ancora da vivere,
le lacrime rimaste congelate troveranno una strada,
per riversarsi in un mare lontano,
come gocce nell'oceano del mio amore.

J'Attendrai

Christine McIntosh

As you slip in your last dreaming
From the place where dreams began
Do you hear the café music
Playing softly in your room?
Hear the elegant French crooning as it
Glides just off the beat –
J'attendrai! – and are you seeing
Couples dancing in the night
Linked by songs on crackling vinyl
And the sirens' counterpoint?
Do you see once more your lover
Thin and brown from distant war –
Does he smile the way he used to
As he greets you in the hall?

While the darkness grows around us
And the song draws to an end
There is no more need for waiting
And the room is quiet again.

J'Attendrai

Traduzione di Margherita Acanfora e Rita De Lucia

Mentre scivoli nel tuo ultimo sogno
Là dove i sogni hanno inizio
Ascolti la musica dei caffè
Risuonare dolcemente nella tua stanza?
Ascolti l'elegante crooner francese
andare appena fuori tempo –
J'attendrai! – e stai vedendo
Coppie danzare nella notte
Connesse da canzoni sul vinile crepitante
E il contrappunto delle sirene?
Vedi ancora una volta il tuo amato
Magro e livido dalla guerra lontana–
Sorride ancora come un tempo
Quando ti accoglie sull'uscio della porta?

Mentre l'oscurità cresce intorno a noi
E la canzone volge al termine
Non c'è più bisogno di aspettare
E la stanza è di nuovo silenziosa.

Out of Time

John Eliot

A chord played through
fifty years. Keith
doesn't need to look.

A white face caught
eyes fixed on Bill
running the bass.

Gifting rock 'n roll
the sweetness of jazz
Charlie's good tonight.

And at the back
ready to take the mike
Mick dances.

Out of Time

Traduzione di Anna Lippiello

Un accordo suonato per
cinquant'anni. Keith
non ha bisogno di guardare.

Un volto bianco immortalato
occhi puntati su Bill
che guida il basso.

Omaggiando il rock 'n' roll
della dolcezza del jazz
Charlie è in forma stasera.

E là dietro
pronto ad impugnare il microfono
Mick balla.

Horses

John Eliot

The magic
wasn't modality of self
like she'd dragged out of bed
finding first clothes
falling out of the wardrobe
that once belonged to an alcoholic
living under the bridge
by the canal

where the barges pass

The spell was that after all the songs
the wildness of the audience
she strode straight over to me
into my palm a spotless t shirt

Horse and signed
immortal words
Patti Smith
Amsterdam

Horses

Traduzione di Maria Chiara Marino

La magia
non era una modalità dell'essere,
come se si fosse trascinata fuori dal letto
trovando i primi vestiti
caduti dall'armadio
che un tempo appartenevano a un alcolizzato
che viveva sotto il ponte
vicino al canale

dove passano i barconi

L'incanto fu che dopo tutte le canzoni
la furia del pubblico
lei venne dritta verso di me
nella mia mano una maglietta immacolata,

Horse e firmò
parole immortali,
Patti Smith
Amsterdam

Song of the Stinking Iris*

Laura Wainwright

Find me
in the shy places
where fern and ivy thrive,
a curiosity

amid a covenant of vines
and spores,
a butterfly
the shades

of an old bruise,
exquisitely splayed,
pinned
to my tall stem,

find me
where the steely dogwood
branches carve up
the sky and try

to bury me
in their shadow
like a bone,
secretive, possessive,

my meat unstripped
and left to spoil,
my marrow
mottled sun.

* Iris foetidissima

Canto dell'iris foeditissima

Traduzione di Federica Mascolo

Cercami
nei luoghi più timidi
dove felce ed edera prosperano,
una curiosità

tra un patto di viti
e spore,
una farfalla
le sfumature

di un vecchio graffio,
squisitamente disteso,
intrappolato
sul mio alto gambo,

cercami
dove i rigidi rami di
corniolo tagliano
il cielo e cercano

di seppellirmi
nella loro ombra
come un osso,
riservato, possessivo,

la mia carne non strappata,
e lasciata a deteriorarsi,
il mio midollo
sole a chiazze.

Brimstone

Laura Wainwright

When stonecrop sparks
aligned like Aquarius
in the dune

their sulphur-yellow
was the broken odour
of rock struck,

halved smartly as an egg
in the limestone dust.
But no water-bearer

that day
when Ffynnon y Twyni
ran dry

only a fire-sign
to steer a painted ship,
my hand to the marram,

and a Brimstone
fanning
the buckthorns' shade.

Cedronella

Traduzione di Marco Paolo Masullo

Quando la borracina brilla
allineata come l'Acquario
nella duna

il loro giallo-sulfureo
era l'odore spezzato
della roccia colpita,

abilmente divisa come un uovo
nella polvere di calcare.
Ma nessun portatore d'acqua

quel giorno
quando la Sorgente delle Dune
si prosciugò

solo un segno di fuoco
per guidare una nave dipinta,
la mia mano sull'ammofila,

e una Cedronella
sbatte le ali
nell'ombra degli spini.

Kru Man

Des Mannay

Funeral music moves
in waves like the sea.

It's how you got here,
but kept you from me. Torpedoed?

World War II…You –
survived the race riots. 1919.

I still use phrases you
brought to this shore.

Tribal sayings from the
Cru wars – Liberia.

Did you come here voluntary,
or to feed your folks?

Know this, grandfather Sapoe!
I met your cousin's grandson

at your son's funeral. Turns
out we met at University –

didn't know we were related. Your
grandparents came here together.

I wonder what you would make
of our diaspora now…

At least you finished the
wine before you died…

Kru Man

Traduzione di Gabriele Dario Coppola

La musica funebre si muove
in onde come il mare.

È ciò che ti ha portato qui,
ma ti ha tenuto lontano da me. Silurato?

Seconda guerra mondiale... Tu –
sopravvissuto agli scontri razziali. 1919.

Uso ancora frasi che
hai portato su questa riva.

Detti tribali dalle
guerre Cru – Liberia.

Sei venuto qui perché volevi,
o per nutrire la tua gente?

Sappi questo, nonno Sapoe!
Ho incontrato il nipote di tuo cugino

al funerale di tuo figlio. Viene fuori
che ci siamo incontrati all'Università –

non sapevamo di essere parenti. I tuoi
nonni sono venuti qui insieme.

Mi chiedo cosa penseresti ora
della nostra diaspora...

Almeno hai finito il
vino prima di morire...

80   Why did you need to finish this –
      was it a way of getting closure?

      The children weren't there – just
      your wife and my father's friend.

      You do not know what happened next.
      I heard the story at my father's funeral.

Ma perché avevi bisogno di finirlo –
era un modo di dire addio?

I bambini non erano lì – solo
tua moglie e l'amico di mio padre.

Tu non sai cosa è accaduto dopo.
Ho sentito la storia al funerale di mio padre.

Nicotine

Des Mannay

Sit looking stunned
Nothing else left
The taste on your tongue
The smell on your breath

Stains on your fingers
Holes in your toes
Stale smells that linger
Stud in your nose

It goes with the leather
and faded ripped jeans
But it's hard to tell whether
you've come apart at the seams

Cancer's your star sign
as well as your fate
A haze in the sunshine
That's how you relate

To the glow in an ashtray
which lights up your face
Where dead matches at last lay
and a drag sets the pace

Like a clock that is ticking
away at life's measure
And the ash that you're flicking
is like discarded treasure

From a burnt-out old ruin
that once was a home
As you sit there smoking
cigarettes on your own

Nicotina

Traduzione di Roberta Pannullo

Seduta e sconvolta
Niente è rimasto
Sulla tua lingua il sapore
Nel tuo respiro l'odore

Macchie sulle tue mani
Buchi nei tuoi piedi
Vecchi odori che persistono
Piercing nel tuo naso

Si abbina alla pelle
e a jeans strappati sbiaditi
Ma è difficile dire se
ti sei rotta in piccoli pezzi

Cancro è il tuo segno
e anche il tuo destino
Una nebbia al sole
Così è come ti senti

In un posacenere una luce
che illumina il tuo viso
Dove giacciono fiammiferi morti
e un tiro dà il passo

Come un orologio che scandisce
il ritmo della vita
E la cenere che stai gettando
è come un tesoro abbandonato

In una vecchia rovina bruciata
che un tempo era una casa
Mentre stai seduta lì a fumare
sigarette da sola

DividEND

Karen Gemma Brewer

Can a land be divided
other than by mountain, river, lake or sea
or is it always divided
by lines drawn on paper and in minds
can a land be divided
by colour, race, gender, tongue and creed
can a land be divided
by mitre, kippah, turban, hijab, bindi
can a land be divided
by money, caste, class, clan, old school tie
can a land be divided
by health, age and disability
can a land be divided
by wall, fence, rampart, ditch and dyke
can a land be divided
by who you love or how you choose to die
can a land be divided
by teacher, preacher, politician, king
can a land be divided
by flag, anthem, oath and uniform
can a land be divided
by superpowers pulling puppet strings
can a land be divided
by stone, club, rifle, tank and bomb
can a land be divided
by truth, lies, connectivity
can a land be divided
by drug, bribe, dam or mine
can a land be divided
other than by mountain, river, lake or sea
or is it always divided
by lines drawn on paper and in minds
must a land be divided
or can a land be shared?

ConFINE

Traduzione di Caterina Borriello

Può una terra esser divisa
oltre che da montagne, fiumi, laghi o mari
o è sempre divisa
da linee tracciate su carta e nelle menti
può una terra esser divisa
da colore, razza, genere, lingue e credi
può una terra esser divisa
da mitra, kippah, turbanti, hijab, bindi
può una terra esser divisa
da denaro, caste, classi, clan, favori ricevuti
può una terra esser divisa
da salute, età e disabilità
può una terra esser divisa
da muri, recinzioni, bastoni, fossati e argini
può una terra esser divisa
da chi ami o da come scegli di morire
può una terra esser divisa
da insegnanti, predicatori, politici, re
può una terra esser divisa
da bandiere, inni, giuramenti e uniformi
può una terra esser divisa
dai grandi poteri che ne tirano i fili
può una terra esser divisa
da pietre, mazze, fucili, carri armati e bombe
può una terra esser divisa
da verità, bugie, connettività
può una terra esser divisa
da droghe, tangenti, dighe o miniere
può una terra esser divisa
oltre che da montagne, fiumi, laghi o mari
o è sempre divisa
da linee tracciate su carta e nelle menti
deve una terra esser divisa
o può una terra esser condivisa?

Dissident Sausage

Karen Gemma Brewer

Huddled on level four, I shiver to the chill.
Is it night? It is dark and silent,
there is no talking here, only chattering.
It is always dark,
except when the opening door brings a flash of tungsten sun
and we all screw up our eyes and lie still, not breathing,
unified in a single, fearful question,
"Are they coming for me?"

A gust of exhalations greet the thudding eclipse
but the warmth of relief is short lived
and the cold creeps back into my wasted muscles
as I submit to its jolting spasms.
My pink, naked skin is given a blue tinge
and drawn taut across my trembling flesh
by the freezing air.
I am cold, alone and afraid.

There were eight of us.
Then at least we could pool our warmth
but they came for us, one by one 'til only I remain
on level four.
Each instant dawn made sudden enemies of close friends
as all prayed fervently: "That she and not I be taken."
Each thudded dusk turning out a life as well as light.
A saviour of our earthly souls.

Huddled on level four, I shiver to the chill.
A veteran of seven messiahs, waiting for my call.
I hear them coming, how strange?
At every previous blaze of light I locked my lids
and slipped behind my eyes,
in hiding from their white uniformed authority.

Salsiccia dissidente

Traduzione di Rita De Lucia e Angela D'Orta

Ammassate al quarto piano, tremo dal freddo.
È notte? È buio e silenzioso,
non si parla qui, c'è solo un chiacchiericcio.
È sempre buio,
eccetto quando l'aprirsi delle porte emana un sole di tungsteno
e tutte noi strizziamo gli occhi distese immobili, senza respirare,
unite in una singola, spaventosa domanda,
"Stanno venendo per me?"

Una folata di esalazioni accoglie la rumorosa eclissi
ma il calore del sollievo ha vita breve
e il freddo si insinua nuovamente nei miei deboli muscoli
mentre mi arrendo alle loro contrazioni violente.
La mia rosea, nuda pelle si tinge di una sfumatura blu
e le mie carni tremanti sono tese
dall'aria ghiacciata.
Sono gelata, sola e impaurita.

Eravamo in otto.
Almeno potevamo tenerci al caldo
ma sono venuti a prenderci, una per una finché sono rimasta solo io
al quarto piano.
Ogni immediata alba ha fatto di amici stretti improvvisi nemici
mentre tutti pregavamo con fervore: "Fa che prendano lei e non me."
Ogni tonfo del crepuscolo segna una vita come la luce.
Salvatrice delle nostre anime terrene.

Ammassate al quarto piano, tremo dal freddo.
Un veterano di sette messia, aspetta una mia chiamata.
Li sento arrivare, quanto è strano?
Ad ogni precedente bagliore di luce chiudevo le palpebre
e scivolavo dietro ai miei occhi,
nascosta dalla loro autorità in uniforme bianca.

Holding up to god a whole register of names
       that might be called in place of mine.

       But now, now that I know it is my turn,
       my eyes are open,
       taking in my surroundings for the first time.
       I can even smile as I notice,
       reflecting in the cold rays,
       the two star sign on level five and wonder:
       "Who graded this hotel?"

       Docile and silent I surrender to their hands.
       After all, they have rescued me
       from the winter that freezes the mind.
       Now I can think again, feel again and I feel warmth.
       I am under the spotlight, crowds surround me,
       I am prodded and shoved, it is hot, I sweat,
       my skin reddens but I no longer fear
       my face being read.

       What a burden fear is
       and how light I feel without it.
       No sanction left to still free thought,
       I roll and turn in the heat of freedom.
       The last bonds loosed
       as my skin ruptures.

Rivolgendo a dio un intero registro di nomi
che potrebbero essere chiamati al posto mio.

Ma ora, ora che so che è il mio turno,
i miei occhi sono aperti,
prendendo finalmente coscienza dell'ambiente.
Riesco perfino a sorridere mentre mi accorgo,
riflessa nei raggi freddi,
il segno a due stelle al quinto piano e mi chiedo:
"Chi ha valutato questo hotel?"

Docile e silenziosa mi consegno nelle loro mani.
Dopotutto, loro mi hanno salvata
dall'inverno che congela la mente.
Adesso riesco di nuovo a pensare, sentire di nuovo e sentire il calore.
Sono sotto i riflettori, la folla mi circonda,
vengo bastonata e spinta, fa caldo, sudo,
la mia pelle diventa rossa ma non ho più paura
che il mio volto sia svelato.

Che peso è la paura
e quanto mi sento leggera senza di essa.
Nessun divieto può più fermare il pensiero libero,
Giro e mi rigiro nel calore della libertà.
Gli ultimi legami si sciolgono
mentre la mia pelle si abbrustolisce.

Dall'italiano all'inglese

Italian to English

L'attenzione

Francesco Di Bella

Ai più che mostreranno indifferenza
vorrei parlare con questa canzone
lasciando scivolare la mia barca sopra il mare
e la coscienza verso l'attenzione
Lavoro quasi sempre a luce spenta
col lume a limitare la visione di questo mondo barbaro
Cerco la luna che mi parla
e che mi guarda sopra i tetti
ma non può accadere mai
Cerco qualcuno che mi spieghi
anche i più semplici concetti
che mi dia respiro e canta
"Strigneme addo' tieni
tutto chello ca ce va
Strigneme addo' tieni
tutto 'o scuro
Strigneme cu' 'o sole 'nfaccia,
'nfaccia a ll'ommo ca nun so'
Strigneme dinto a 'sti braccia
fino a che non guarirò"
Se invece il buio scivolasse dentro
ancora guerre e mai rivoluzioni
Come una luce può fermare
una bellezza da guardare
mentre l'odio vince tutte le ragioni
Ai più che hanno mostrato indifferenza
sarò brevissimo nel ricordare
che non può esistere una nuova fratellanza
senza dividere la torta da mangiare
Non voglio un mondo che nasconda
le miserie della gente
ma che vuol sembrare bello
Cerco una voce che ruggisce
ciò che gridano i miei occhi

Care*

Translated by Filomena Scarafone

To those who will show indifference
I'd like to speak with this intention
letting my boat slide over the sea
and my conscience towards care's direction
I work almost always with the lights off
a lamp limits the vision of this barbaric world
I search for the moon that speaks to me
and watches me above the rooftops
but it can never happen
I search for someone to explain to me
even the simplest concepts
to give me breath and sing
"*Strigneme addo' tieni*
tutto chello ca ce va
Strigneme addo' tieni
tutto 'o scuro
Strigneme cu' 'o sole 'nfaccia,
'nfaccia a ll'ommo ca nun so'
Strigneme dinto a 'sti braccia
fino a che non guarirò"
If the darkness slipped inside
still wars and never revolutions
How can a light stop
a beauty at the top
while hatred wins all the solutions
To those who showed indifference
I'll be brief in reminding
a new brotherhood can't exist
without sharing the cake to eat
I don't want a world that hides
the suffering of the people
but one that seeks to seem beautiful
I search for a voice that roars
what my eyes are screaming

94   e che mi canti solo quello
"Strigneme addo' tieni
Tutto chello ca ce va
Strigneme addo' tieni
Tutto 'o scuro
Strigneme cu' 'o sole 'nfaccia
'Nfaccia a ll'ommo ca nun so'
Strigneme dinto a 'sti braccia
Fino a che non guarirò"
" stringimi dove conservi
tutto quello che ci può stare
Stringimi dove conservi
Tutto il buio
Stringimi con il sole in faccia
In faccia all'uomo che non sono
Stringimi nelle tue braccia
Fino a che non guarirò"

and sings to me only that
"Strigneme addo' tieni
Tutto chello ca ce va
Strigneme addo' tieni
Tutto 'o scuro
Strigneme cu' 'o sole 'nfaccia
'Nfaccia a ll'ommo ca nun so'
Strigneme dinto a 'sti braccia
Fino a che non guarirò"
"Hold me where you keep
everything that can fit
Hold me where you keep
All the darkness
Hold me with sun in my face
In the face of the man I am not
Hold me in your arms
Until I heal"

* *The translation preserves a stanza (repeated) in Neapolitan dialect,*
which appears in standard Italian at the end of the poem, to respect
the author's intentions and the cultural aspect of the work.

Guardate fore

Francesco Di Bella

Se pure piovesse forte,
sapesse addò m'arreparà
Se pure piovesse ferro,
fierro comm' pane
Adoppo schiove
se vuje guardate fore
Se tutto questo veleno,
putessemo alluntanà
Radice senza terreno,
quando 'a freva saglie
fa cchiù dulore
se ve fermate ccà
E mò, invece 'e parlà
Ascite da casa mia
E mò, invece 'e parlà
Ascite da casa mia
Se pure perdessi tempo,
vedesse 'e nun ce pensà
Nessuno sapeva niente
e nisciuno 'o puteva fà
L'ammore more,
se vuje guardate fore
E mò, invece 'e parlà
Ascite da casa mia
E mò, invece 'e parlà
Ascite da casa mia

Guardate fore*

Translated by Caterina Borriello and Mariarosaria Costa

Even if it poured
sapesse where to take repair
Even if it rained down iron
iron *comm' pane*
Eventually, it'd cease
se vuje guardate fore
If all this venom,
putessemo chase away
Landless root,
when the *freva* runs high
it hurts way more
if you linger here
But now, instead of talking
Get out of my house
But now, instead of talking
Get out of my house
Even if I wasted time,
vedesse 'e not to worry
No one knew anything
e nisciuno could've done it
Love dies,
se vuje guardate fore
But now, instead of talking
Get out of my house
But now, instead of talking
Get out of my house

* *The Neapolitan dialect has been preserved in the title ("To look outward") and specific words to respect the author's intention of highlighting his cultural background.*

un nuovo ordine di calamità
Carmen Gallo

un nuovo ordine di calamità
che invada lento le case
colpisca i piedi dei tavoli, poi le sedie
sollevi mattonelle un millimetro al giorno
solo dalle schegge, minuscole, sul pavimento
indovineresti il taglio vivo smarginato
ancora estranea io, a ogni assestamento
di giorno diresti che è solo vento
tutti i vetri che ci parlano
ma nella notte non si contano
le montagne che vedevi e che di colpo
scompaiono

a new system of calamities

Translated by Caterina Borriello

a new system of calamities
would slowly spread through houses
hit tables' legs, then chairs
lift tiles one millimeter per day
just by the tiny splinters, on the floor
you would guess the raw, jagged cut
still a stranger – I – and when it settles
in the daylight you would dismiss it as just wind
all the glasses that convey to us
yet during the night cannot be counted
the mountains that you used to see and now abruptly
disappear

Ricostruire l'animale

Carmen Gallo

Ricostruire l'animale
dalle promesse che è stato
capace di fare. E dimenticare.
Non dalle ossa abbandonate,
ma dalle impronte che si allontanano.
Dalla corsa. Forma semplice.
La storia interna e la storia esterna.
Chi corre ha perso. Chi corre scompare
ma si porta dietro tutto. Chi resta
impara a nascondersi. A non essere niente.
Fingere le ipotesi. Le cose non accadono
a quelli che spariscono.

To rebuild the animal

Translated by Caterina Borriello

To rebuild the animal
from the promises it was
able to make. And to forget.
Not from the abandoned bones,
but from the footprints that draw away.
From the rush. Simple form.
The internal story and the external story.
The one who runs has lost. The one who runs disappears
but carries everything with him. The one who stays
learns to hide. To be nothing.
To pretend the hypothesis. Things do not happen
to those who vanish.

Quando spuntasti fuori dalla notte

Angelo Petrella

Quando spuntasti fuori dalla notte
al margine del libro dell'inverno
sembrava dover piovere in eterno
su queste barche in fuga senza rotte.

Fosse l'accesso libero all'Averno,
fossero stati più plausi che botte,
avremmo chiuso rime anche all'inferno,
la lancia in resta come don Chisciotte.

When out of the night you came

Translated by Gabriele Dario Coppola

When out of the night you came
on the margin of the book of winter
it seemed it would have to rain forever
on these boats fleeing without aim.

Were it free access to Avernus,
were there more applause than blows,
even in hell we would have rhymes closed,
like Don Quixote the lance reposed.

Non è passata ancora la tormenta

Angelo Petrella

Non è passata ancora la tormenta
che ha infranto i tetti e reso i versi acerbi.
Fossero deponenti questi verbi,
sgorgasse ciò che sotto sedimenta.

Doveva essere il tempo del raccolto,
l'ultimo scatto del tuo duro incedere,
quest'esistenza sorda nel precedere
con ciò che non dà ciò che già ti ha tolto.

The storm has not passed yet

Translated by Gabriele Dario Coppola

The storm has not passed yet
it shattered roofs, left verses bare.
Were these verbs deponent,
and what lies buried rose to air.

It should have been the time of harvesting,
the last stride of your hard advancing,
this deaf existence in preceding
with what does not give what it has already taking.

Prologo

Giulia Scuro

Io e lo scuro abbiamo in comune
una passione per l'elusione,
ci solletica ordinare al ristorante
una porzione di animale e una di piante.
Io e lo scuro abbiamo in comune
la sorpresa dell'illuminazione
che dopo una lunga stasi incolore
di ogni contorno poi mostra il nitore.
Io e lo scuro abbiamo pazienza
ma è pazienza in agguato
del chiarore in assenza.
Non saprei dirlo meglio:
il buio è avaro al lamentoso silenzio,
elargisce promesse al desiderio d'immenso
e come lui sulle ansie io veglio.
Nella pazienza, mi si insegna,
si cela il legame tra presente e passato
ma anche il futuro che non disdegna
il languore dall'attesa emancipato.
A quel punto la rima sviene,
perde i sensi e il significato,
nella fiacca della frana diurna
resta l'ombra del suo simulacro.

Prologue

Translated by Anna Lippiello

The dark and I, we both hold dear
a flair for elusion,
it spurs us to order at the restaurant
a portion of beast and one of plant.
The dark and I, we both hold dear
the lighting wonder
that after a long colorless state
reveals its edge in sharpened shape.
The dark and I, we have patience
but it is the one that lies in wait
for the brightness absence.
I couldn't say it better, no:
the dark is stingy with silent woe,
it lavishes promises on desires vast
and like it, over anxieties, my vigil is cast.
In patience, I am taught to see,
hides the bond between present and what has been
but also the future that doesn't disdain
the languor of waiting free from its chain.
At that point rhyme faints away,
loses its senses and meaning,
in the weariness of the daily slide
remains the shadow of his simulacrum.

Ventottesima ora di lavoro

Giulia Scuro

Dottoressa, come le ho già più volte
detto, pur con le molte
divagazioni del caso
io sono preoccupata per il mio naso.
Ho paura che la sua sporgenza
sia uno sfoggio di esistenza
e che al vederlo chi è di fronte
pensi a lui come ad un ponte
nella mia direzione,
fatto di binari olfattivi,
alla portata dei suoi incisivi.
Dottoressa, è un delirio
o solo fervida immaginazione?
Mi rassicuri, mi comprenda,
alle prese con l'ammenda
mi sprofondo nelle suole.

Allora, andiamo con ordine:
tu mi vuoi dire che il tuo naso
è una proiezione del fallo reciso
che tua madre conserva in un vaso?

Esatto dottoressa, quanto ha ragione!
Conosce Lisabetta da Messina,
sventurata figlia del Decamerone,
i cui fratelli assassinarono l'amante in sordina?
Del suo amato la testa riposa
in un vaso sul quale ella piange
la condizione di mancata sposa.
La castrazione decapitata del suo amato
l'ha indotta ad una partenogenesi di basilico
per cui le lacrime hanno irrorato
una verdura che sul suo capo
ha attecchito da più di un lato.

28th working hour

Translated by Amaturo Luigia

Doctor, as I already told you many times,
With all the digression of the case,
I am worried about my nose.
I fear that its hedge
Could be a display of existence
And that who is standing in front of me
Could see it as a bridge
That leads to me,
Made of olfactory pathways
To the extent of his incisors.
Doctor, am I crazy
Or it is just a vivid imagination?
Reassure me, understand me,
Dealing with the fine
I sink into the soles

> *First things first,*
> *You are telling me that your nose*
> *Is a projection of the cleaved phallus*
> *Kept in a vase by your mother?*

Exactly! You are so right!
You know Lisabetta da Messina?
The unlucky Decameron's daughter,
Whose brothers killed her lover in secret?
Her lover's head is kept
In a vase over which she cries
Her missed marriage.
The decapitated castration of her beloved
Induced a parthenogenesis of basil
For which the tears have poured
A vegetable that on its head
It has taken root on more than one side.
Doctor, I truly believe

Dottoressa, io sono convinta
che al suo naso la radice s'è avvinta
e questo pensiero mi ossessiona talmente
che immagino il naso come una gobba
vulnerabile ed esposta alla gente.
Il naso, ci pensi, è una bandiera
svetta sul muso con la punta altera
e con le narici ci apre la strada,
perlustrando, come una spada.
C'è chi dice "non vedervi oltre"
a significare che l'escrescenza facciale
sia dell'uomo il limite oppure una coltre.
La protuberanza tridimensionale
è anche la maniglia a cui si afferra
colui che ci mente o di noi si fa beffe.
Ma la mia espressione preferita
è sempre stata "naso di velluto",
mi fa pensare a una stoffa brunita
sulla ferita che ingombra il ritratto
altrimenti piatto della nostra partita.

Perché la consideri una ferita?
Non potrebbe darsi
che piuttosto la vita
mostri nel naso il suo rafforzarsi?

Ci penserò dottoressa, ora che l'ora è finita
e il ritorno una strada in salita.

That the root has wrapped around the nose
And this thought haunts me so much that
I imagine my nose as a hump,
Vulnerable and exposed.
The nose, think about it, is a flag
Standing up on the snoot with a pointed tip,
And with its nostrils it opens the way up,
Searching, as a sword.
Somebody says, "Don't look further"
Indicating that the facial excrescence
Could be the limit or a blanket.
The three-dimensional protuberance
Is also the handle grabbed by
Who lies to us or mocks us.
But my favourite expression
Was always "velvet nose",
It makes me think of a burnished cloth
On the wound, that overshadows the portrait
Otherwise, flat of our match.

> *Why do you think of it as a wound?*
> *Is not it possible that life*
> *Uses the nose to show its strengthening?*

I will think about it Doctor, now that my hour has ended
And I will be back to an uphill climb.

Maglietta
Giorgio Sica

Questa è l'ultima volta che dormo
con la maglietta a strisce bianche e verdi
che mi hai regalato
quel giorno di sole a San Paolo
sotto un pergolato pieno d'uva
destinata a diventare
un vinaccio brasiliano.

Amo davvero questa maglietta –
lei è te e quel giorno di sole –
ma ormai ha un grosso buco sulla spalla
e il collo sfilacciato e capovolto
distrutto dal troppo uso e
dagli artigli delle tue mani.

Anche se tu accarezzavi le strisce orizzontali
con le tue lunghe dita color latte,
anche se la indossavi per dormire
per impregnarla di notte del tuo odore
e farmi di giorno tuo prigioniero,
adesso dovrò buttarla via.
Le voci di generazioni
di donne della mia famiglia
mi intimano di farlo.

Tu sei andata via.

E poi non ho più la forza
sufficiente a sostenere
lo sguardo sdegnato della portiera
quando mi dimentico di averla addosso
(o forse fingo?)
e scendo incurante in cortile
a spostare la macchina lasciata
la sera prima ubriaco
nel posto del vicino.

T-shirt

Translated by Mariarosaria Costa

This is the last time I'll sleep
with the white and green striped T-shirt
you bought me
that sunny day in São Paulo
under a trellis covered in grapes
destined to become
an awful Brazilian wine.

I truly do love this t-shirt –
it is you and that sunny day –
though now it has a big hole in the shoulder
and the frayed collar is upside-down
worn down by constant use and
the claws on your fingertips.

Even if you used to stroke the horizontal stripes
with your slender milky-white fingers,
even if you used to sleep in it
so as to soak it in your scent
and hold me as your hostage during the day,
now I'll have to chuck it away.
Voices of generations
of women in my family line
command me to do so.

You walked away.

And even so I do not have any
more strength to hold
the doorwoman's scornful stare
when I forget I have it on
(or maybe I'm pretending?)
and casually pass by the courtyard
to move the car, I drunkenly
parked the night before
in the neighbour's spot.

L'incompiuta
Giorgio Sica

Mentre tornavo a casa
scrivevo dei versi stupendi
roba davvero bella
li limavo mentre li sussurravo alla luna
ai visi baciati dalla brezza
di questa sera d'estate
(Visi ignari della fortuna
di incontrare un poeta).

Era probabilmente una delle mie poesie
più riuscite, qualcosa che tu
avresti ricordato e forse letto ad alta voce
e solo a chi davvero ami.

Ma a casa avevi lasciato di nuovo
l'uovo sodo sul fuoco
(è il terzo pentolino che brucia
per evaporazione)
e i bimbi piangevano
come prefiche siciliane e il più piccolo
aveva appena vomitato sul tavolo.

Tu eri troppo stanca per pulire
e così ho preso lo straccio.

A poco a poco i versi sono spariti
con le macchie di frullato sul legno.

The Unfinished

Translated by Linda Barone

As I walked home
I was writing splendid verses
truly beautiful stuff
I refined them as I whispered them to the moon
to faces brushed by the breeze
of this summer evening
(Faces unaware of their fortune
of crossing paths with a poet).

It was perhaps one of my finest poems,
something you
might have remembered, maybe read aloud,
but only to those you truly love.

But at home, once again,
you had left the hard-boiled egg on the stove
(it's the third pot
burnt dry)
And the children were wailing
like Sicilian mourners,
the youngest had just
vomited on the table.

You were too tired to clean,
so I took the rag.

Little by little, the verses vanished,
along with the smoothie stains on the wood.

Finale
Giorgio Sica

Quando di nuovo mi chiederai il senso
Dei gesti strambi, matti, i passi rotti
Lungo la via di vetro che ogni giorno
Per te penso, e si disfa nella mente
come un fiore di fuoco dopo i botti.

Resiste nel contorno l'immagine
Di ciò che sbocciando già scompare.

Si fa silenzio, non ho altre parole
da offrire alla tua assenza,
solo la litania fredda dei raggi
che innerva di timido sole i rami
nudi che presto si sfaldano d'ombra.

The End

Translated by Margherita Acanfora and Angela D'Orta

When you ask me, again, the sense
Of my weird, crazy, gestures the broken steps
Along the glass path that every day
I think for you, and it dissolves in the mind,
like a fire flower after fireworks.

In the frame the image remains
Of something vanishing though in bloom.

Silence falls, I have no more words
to offer to your absence,
only the cold litany of rays
innervating with a pale sun the bare
branches soon dissolving into shadows.

We acknowledge, with thanks, the generous contributions made by the poets to the success of the Salerno Project.

G R Archer lives in Wales, despite her Hungarian origin. She has been writing since she was ten years old. Graham Greene wrote that putting pen to paper is good for mental health, as exercise is for physical. Her poetry is about and for her. The rest is up to the reader.

Born of coal mining and farm working stock, **Karen Gemma Brewer** is an award-winning poet and performer from Ceredigion in Wales. Her writing, combining emotion and mundanity with a strong sense of the absurd, has been published in the UK, Europe and USA. Karen has performed at festivals, theatres, pubs, schools, colleges, supermarkets and in the street. Karen is two-time winner of the Tim Williams Performance Poetry Award.

Francesco Di Bella began his musical career in the early 1990s as the frontman and main songwriter of 24 Grana, a band that helped shape the Italian alternative rock scene. Their 1996 debut album *Loop* impressed critics with its innovative fusion of dub, trip hop, and poetic, socially engaged lyrics. Over the years, Di Bella released eight albums with the group, including two live recordings. In 2014, he launched his solo work with *Ballads Café*, offering intimate reinterpretations of past songs. His 2016 album *Nuova Gianturco* earned him recognition among Italy's prominent singer-songwriters, winning the Lunezia Award. He followed with *'O Diavolo* (2018), *Play With Me* (2022), and the 2025 album *Acqua Santa*, preceded by the single 'Che 'a fa?'

John Eliot was eight years old when he realised that there could be people who were interested in reading what he wrote. A student teacher produced a class newspaper. After the experience he was condemned to write. He was also condemned to reading. He says: 'A book rather than a human. it can be closed up and returned to the shelf. Humans will not be quiet. Especially those who have nothing to say.'

Ringraziamo sentitamente i poeti per il loro generoso contributo al successo del Salerno Project.

G R Archer vive in Galles, nonostante le sue origini ungheresi. Scrive sin dall'età di dieci anni. Graham Greene ha scritto che mettere la penna sulla carta fa bene alla salute mentale, proprio come l'esercizio fisico fa bene al corpo. La sua poesia parla di lei e per lei. Il resto è nelle mani del lettore.

Karen Gemma Brewer, nata in una famiglia di minatori e agricoltori, è una poetessa e performer pluripremiata di Ceredigion, nel Galles. La sua scrittura, che combina emozione e quotidianità con un forte senso dell'assurdo, è stata pubblicata nel Regno Unito, in Europa e negli Stati Uniti. Karen si è esibita in festival, teatri, pub, scuole, college, supermercati e per strada. Ha vinto per due volte il Tim Williams Performance Poetry Award.

Francesco Di Bella ha iniziato la sua carriera musicale nei primi anni '90 come frontman e principale autore dei 24 Grana, band che ha contribuito a definire la scena del rock alternativo italiano. Il loro album d'esordio del 1996, *Loop*, ha colpito la critica per l'innovativa fusione di dub, trip hop e testi poetici dal forte impegno sociale. Nel corso degli anni, Di Bella ha pubblicato otto album con il gruppo, inclusi due dal vivo. Nel 2014 ha intrapreso la carriera solista con *Ballads Café*, reinterpretazione intima dei brani del passato. Il suo album *Nuova Gianturco* (2016) lo ha consacrato tra i cantautori italiani, vincendo il Premio Lunezia. Sono seguiti *'O Diavolo* (2018), *Play With Me* (2022) e *Acqua Santa* (2025), anticipato dal singolo "Che 'a fa?".

John Eliot aveva otto anni quando si rese conto che esistevano persone interessate a leggere ciò che scriveva. Un insegnante tirocinante aveva realizzato un giornalino di classe e, dopo quell'esperienza, lui fu condannato a scrivere. E anche a leggere. Dice: "Un libro, a differenza di un essere umano, può essere chiuso e rimesso sullo scaffale. Gli esseri umani, invece, non tacciono mai. Soprattutto quelli che non hanno nulla da dire."

Carmen Gallo (Naples, 1983) teaches English literature in Rome and has published several poetry books, as well as the photo-text *Tecniche di nascondimento per adulti / Techniques of Hiding for Adults* (Italo Svevo, 2023). With *Le Fuggitive* (Aragno, 2020), she won the Napoli Prize for poetry. She has written about English metaphysical poetry and translated works by William Shakespeare, T S Eliot, and Caryl Churchill.

Natalie Ann Holborow is a poet who loves running and finds the two complement each other beautifully (she will happily bore you about both topics). She's written and performed poetry in Wales, Ireland, Sweden and India. She is the author of three poetry collections *And Suddenly You Find Yourself, Small* and *Little Universe*. Natalie lives in Swansea, is a proud patron of local charity the Leon Heart Fund and can't be trusted alone in Waterstones.

Christopher M James, a French/British national and former HR professional, has been writing for many years and considers it a privileged way of living fully in the present moment. A morning's writing session can turn into a long, unexpected internal journey. He also writes to discover over time what it is he truly thinks, and what finally is worth saying. He has been widely published in journals and anthologies.

Ben Keatinge is an Irish writer who won the Patrick Kavanagh Poetry Award in 2022 for his manuscript 'The Wireless Station'. Formerly a lecturer in North Macedonia, he now lives in his home city of Dublin where his poems have appeared in *The Irish Times, Poetry Ireland Review* and in several anthologies.

Rebecca Lowe is a poet and musician from Wales. She has two published collections: *Blood and Water* (The Seventh Quarry, 2020) and *Our Father Eclipse* (Culture Matters, 2021), and a book for writers, *Write Mindfully* (Talisman Arts, 2024). She sayd: "I've written poetry since the age of seven. To me, words are magic spells, with the ability to create new worlds rising from the page. It's both a challenge and a huge responsibility."

Des Mannay is a disabled Welsh writer of colour, associate editor of *Poetry Wales* and co-editor of *The Angry Manifesto*. Former fanzine editor, activist, competition judge and essayist, he stands in the

Carmen Gallo (Napoli, 1983) insegna letteratura inglese a Roma e ha pubblicato alcuni libri di poesia e il fototesto *Tecniche di nascondimento per adulti* (Italo Svevo, 2023). *Con Le Fuggitive* (Aragno, 2020) ha vinto il Premio Napoli per la poesia. Ha scritto sulla poesia metafisica inglese e ha tradotto opere di William Shakespeare, T.S. Eliot e Caryl Churchill.

Natalie Ann Holborow è una poetessa che ama correre e trova che le due passioni si completino a vicenda (potrebbe parlarne all'infinito). Ha scritto e recitato poesie in Galles, Irlanda, Svezia e India. È autrice di tre raccolte poetiche: *And Suddenly You Find Yourself, Small* e *Little Universe*. Vive a Swansea, è una fiera sostenitrice dell'associazione benefica locale Leon Heart Fund e non può essere lasciata sola in una libreria Waterstones.

Christopher M. James, cittadino franco-britannico ed ex professionista delle risorse umane, scrive da molti anni e considera la scrittura un modo privilegiato per vivere pienamente il momento presente. Una mattinata di scrittura può trasformarsi in un lungo e inaspettato viaggio interiore. Scrive anche per scoprire, nel tempo, cosa pensa veramente e cosa, alla fine, vale davvero la pena dire. È stato pubblicato in numerose riviste e antologie.

Ben Keatinge è uno scrittore irlandese che ha vinto il Patrick Kavanagh Poetry Award nel 2022 con il manoscritto The Wireless Station. In passato docente in Macedonia del Nord, oggi vive nella sua città natale, Dublino, dove le sue poesie sono apparse su *The Irish Times, Poetry Ireland Review* e in diverse antologie.

Rebecca Lowe è una poetessa e musicista gallese. Ha pubblicato due raccolte poetiche: *Blood and Water* (The Seventh Quarry, 2020) e *Our Father Eclipse* (Culture Matters, 2021), oltre a un libro per scrittori, *Write Mindfully* (Talisman Arts, 2024). Dice: "Scrivo poesie dall'età di sette anni. Per me, le parole sono incantesimi di magia, capaci di creare nuovi mondi che emergono dalla pagina. È al tempo stesso una sfida e una grande responsabilità."

Des Mannay è un poeta gallese di colore con disabilità, redattore associato di *Poetry Wales* e co-editore di *The Angry Manifesto*. Ex redattore di fanzine, attivista, giudice di concorsi e saggista, si inserisce nella tradizione di chi si oppone alle iniquità del

tradition which rails against the iniquities of capitalism. In his writing grand narratives – climate change, war, racism, misogyny, mental health/disability – entwine the personal and political through history, overheard conversations, and his own misadventures. His poetry collection *Sod 'em – and tomorrow* is published by Waterloo Press.

Bucharest-born **Diana Manole** is a hyphenated Romanian-Canadian scholar, writer, and literary translator. *Praying to a Landed-Immigrant God / Rugându-mă la un Dumnezeu emigrant*, in English and Romanian, is her seventh collection of poems. She finds inspiration in her everyday life as an immigrant and her determination to fight against discrimination of any kind. Since 2013, Diana has been dreaming and writing poetry in English.

Erica Jane Morris grew up in Lewes, England, near the South Downs and the sea. As a teenager, she rolled a lot of cigarettes, was absorbed by Bob Dylan and George Orwell's books, and stumbled across the work of Sylvia Plath. Drawing on life experiences and a variety of voices, Erica's poetry explores the resonances of loss and trauma. She has been particularly inspired by the work of Elizabeth Bishop, Thom Gunn, Seamus Heaney and Jacob Polley.

Denise O'Hagan is a Sydney-based editor and poet, born in Rome, with a background in academic publishing. A chance discovery of her father's worn copy of Seamus Heaney's poems when she was fifteen ignited her passion for poetry; through it she explores themes of immigration and motherhood. She is working on her third poetry collection at the Don Bank Museum, Sydney, where she is currently writer-in-residence.

Angelo Petrella was born in Naples in 1978. Writer, poet and screenwriter, he has published among others the novels *Cane rabbioso, La città perfetta, Le api randage, Pompei. L'incubo e il risveglio, Operazione Levante, Fragile è la notte* and *La fine dei fagioli*. His poetic texts are collected in the anthologies *Attraversamenti, 1° non singolo* and in the personal volume *Vogliamo niente e lo vogliamo adesso!* He works for cinema and television, and has signed successful films and TV series including *Mare fuori, I bastardi di Pizzofalcone, La Rosa dell'Istria, Resta con me* and *La nuova squadra*.

Taz Rahman is from Cardiff. He started writing poetry and short fiction in 2019. His poems and reviews have appeared

capitalismo. Nella sua scrittura, le grandi narrazioni – cambiamento climatico, guerra, razzismo, misoginia, salute mentale/disabilità – si intrecciano con il personale e il politico attraverso la storia, conversazioni ascoltate per caso e le sue disavventure. La sua raccolta poetica *Sod 'em – and tomorrow* è pubblicata da Waterloo Press.

Diana Manole, nata a Bucarest, è una scrittrice e traduttrice letteraria rumeno-canadese. La sua settima raccolta poetica, *Praying to a Landed-Immigrant God / Rugându-mă la un Dumnezeu emigrant*, è scritta in inglese e rumeno. Trova ispirazione nella sua quotidianità da immigrata e nella sua determinazione a combattere ogni forma di discriminazione. Dal 2013 sogna e scrive poesie in inglese.

Erica Jane Morris è cresciuta a Lewes, in Inghilterra, vicino alle South Downs e al mare. Da adolescente fumava molte sigarette, era affascinata da Bob Dylan e dai libri di George Orwell e scoprì per caso l'opera di Sylvia Plath. Attrae nella sua poesia una varietà di voci e di esperienze di vita, esplorando le risonanze della perdita e del trauma. Ha trovato particolare ispirazione nei lavori di Elizabeth Bishop, Thom Gunn, Seamus Heaney e Jacob Polley.

Denise O'Hagan è una poetessa ed editor con sede a Sydney, nata a Roma e con un passato nell'editoria accademica. La scoperta casuale, a quindici anni, di una vecchia copia delle poesie di Seamus Heaney appartenuta a suo padre ha acceso in lei la passione per la poesia, attraverso la quale esplora temi come l'immigrazione e la maternità. Sta lavorando alla sua terza raccolta poetica presso il Don Bank Museum di Sydney, dove è attualmente scrittrice in residenza.

Angelo Petrella è nato a Napoli nel 1978. Scrittore, poeta e sceneggiatore, ha pubblicato tra gli altri i romanzi: *Cane rabbioso*, *La città perfetta*, *Le api randage*, *Pompei. L'incubo e il risveglio*, *Operazione Levante*, *Fragile è la notte* e *La fine dei fagioli*. Suoi testi poetici sono raccolti nelle antologie *Attraversamenti*, *1° non singolo* e nel volume personale *Vogliamo niente e lo vogliamo adesso!*. Lavora per il cinema e la televisione, e ha firmato film e serie tv di successo quali: *Mare fuori*, *I bastardi di Pizzofalcone*, *La Rosa dell'Istria*, *Resta con me* e *La nuova squadra*.

Taz Rahman è originario di Cardiff. Ha iniziato a scrivere poesie e racconti brevi nel 2019. Le sue poesie e recensioni sono apparse

in *Poetry Wales, South Bank Poetry* magazine, *Love the Words*, International Dylan Thomas Day 2020 competition winner's anthology, *Where I'm Coming From* anthology 2019, and *Poems for Independence* anthology (Gwasg Carreg Gwalch, 2021). He founded 'Just Another Poet', a Welsh YouTube channel dedicated to poetry, and was founding editor of the legal news blog *Lawnewsindex.com.*

Giulia Scuro teaches French Literature at the University of Naples "L'Orientale." Her first poetry collection, *Sedute in piedi* (Oedipus, 2017), was a finalist for the 2016 Pagliarani Prize in the unpublished works category and co-winner of the 2018 Aoros Prize in the published works category. Her poems have appeared in the literary magazines *Trivio, Levania,* and *L'Ulisse,* on the literary blog *Nazione Indiana,* and in the anthologies *Napolis* and *Napolesia.* She took part in the 2022 RAI Poetry programme and has read her work at festivals and events. In 2024, her text *Elettriade* received an honorable mention in the Nuove Sensìbilità 2.0 Playwriting Award by Teatro Pubblico Campano.

Giorgio Sica studied at the Universities of Bologna, Napoli and Barcelona and nowadays teaches Comparative Literature at the University of Salerno and is regularly invited as visiting professor at the UFF of Rio de Janeiro. He wrote two books about the reception of Japanese aesthetics in the Western world (*Il vuoto e la bellezza. Da Von Gogh a Rilke, come l'Occidente incontrò il Giappone* (2012) and *Una catena tra oriente e occidente. Octavio Paz, la poesia giapponese e il Renga di Parigi* (2014) and translated into Italian the Brazilian poets Manoel de Barros (*Il libro sul nulla,* 2013) and Paulo Leminsky (2015). His books of poems are: *L'altra stanza della voce* (2010); *Versi di mare e d'orto* (2013); *Breviario per vagabondi* (2017). His new book of verses, *Saudade,* focused on fatherhood and breakups, is published in 2025.

Laura Wainwright has published several poetry pamphlets, most recently *Thrall: Poems and Art* (Seventh Quarry Press). Co-authored with renowned Welsh poet Robert Minhinnick, it features her poetry and artwork and reflects how, in her mind, poetry and visual art are interchangeable and inform each other. This is equally true of poetry and music: her poem 'Song of the Stinking Iris' is set to music on her YouTube channel *@laurawainwright2306.*

su *Poetry Wales, South Bank Poetry Magazine, Love the Words*,
l'antologia dei vincitori del concorso per la Giornata Internazionale
di Dylan Thomas 2020, *Where I'm Coming From* Anthology 2019
e *Poems for Independence* Anthology (Gwasg Carreg Gwalch,
2021). Ha fondato Just Another Poet, un canale YouTube gallese
dedicato alla poesia, ed è stato il fondatore del blog di notizie legali
Lawnewsindex.com.

Giulia Scuro insegna Letteratura francese all'Università di Napoli
L'Orientale. La sua prima raccolta poetica *Sedute in piedi* (Oedipus,
2017) è stata finalista al Premio Pagliarani 2016, sezione inediti,
e vincitrice ex aequo del premio Aoros 2018, sezione editi. Sue
poesie sono apparse nelle riviste *Trivio, Levania* e *L'Ulisse*, nel blog
letterario *Nazione Indiana* e nelle antologie *Napolis* e *Napolesìa*. Ha
partecipato alla rassegna Rai poesia 2022 e ha letto le sue poesie in
diversi festival e rassegne. Nel 2024 il suo testo *Elettriade* ha ricevuto
la menzione d'onore del Premio di drammaturgia Nuove sensibilità
2.0 del Teatro Pubblico Campano.

Giorgio Sica ha studiato presso le Università di Bologna, Napoli
e Barcellona e al momento insegna Letteratura Comparata
all'Università di Salerno ed è spesso invitato come visiting
professor all'UFF di Rio de Janeiro. Ha scritto due monografie
sulla ricezione dell'estetica giapponese nel mondo occidentale (*Il
vuoto e la bellezza. Da Von Gogh a Rilke, come l'Occidente incontrò
il Giappone*, (2012) e *Una catena tra oriente e occidente. Octavio
Paz, la poesia giapponese e il Renga di Parigi* (2014) e ha tradotto in
italiano i poeti brasiliani Manoel de Barros (*Il libro sul nulla*, 2013) e
Paulo Leminsky (2015). Le sue raccolte di poesie sono: *L'altra
stanza della voce* (2010); *Versi di mare e d'orto* (2013); *Breviario per
vagabondi* (2017). Il suo ultimo libro in versi, *Saudade*, sui temi della
paternità e delle separazioni, è pubblicato nel 2025.

Laura Wainwright ha pubblicato diverse raccolte poetiche, tra cui
la più recente *Thrall: Poems and Art* (Seventh Quarry Press). Scritta
in collaborazione con il rinomato poeta gallese Robert Minhinnick,
include sue poesie e opere d'arte e riflette la sua convinzione
che poesia e arte visiva siano intercambiabili e si influenzino
reciprocamente. Lo stesso vale per poesia e musica: la sua poesia
Song of the Stinking Iris è stata musicata e si può ascoltare sul suo
canale YouTube @laurawainwright2306.

126   **Glen Wilson** is a poet and worship leader from Northern Ireland.
Glen's writing is influenced by his love of language and music
and his Christian faith. He won the Seamus Heaney Award for
New Writing in 2017 and he has had poems commissioned for
the Northern Ireland Football team and the Poetry Jukebox. His
collection *An Experience on the Tongue* is published by Doire
Press. He is working towards his second collection.

Glen Wilson è un poeta e leader di culto cristiano dell'Irlanda del Nord. La sua scrittura è influenzata dall'amore per la lingua, la musica e la sua fede cristiana. Ha vinto il Seamus Heaney Award for New Writing nel 2017 e ha ricevuto commissioni per scrivere poesie per la squadra di calcio dell'Irlanda del Nord e per il Poetry Jukebox. La sua raccolta *An Experience on the Tongue* è pubblicata da Doire Press, e attualmente sta lavorando alla sua seconda raccolta.